Nacer niña

Alice Dussutour

PREFACIO

«¡Es una niña!».

La vida de la mayoría de las niñas (pero no de todas) empieza con esta sencilla frase de la comadrona, la madre, el padre, la persona que ha ayudado al nacimiento… De acuerdo, «¡es una niña!». Pero ¿y después? Toda su historia está por escribir, todas las esperanzas, los temores, todo el amor, la desconfianza y confianza depositados en esta palabra: «niña».

Y, según el lugar del mundo donde nazca, esta niña será una niña diferente, puesto que su vida se verá condicionada por diferentes exigencias, distintos tabúes y sueños singulares –tanto por su parte, como por parte de sus padres y del mundo que la rodea.

Alice Dussutour nos habla de las dificultades, pero también de la belleza de nacer niña –y sobre todo del derecho a escribir su propio futuro– en un mundo donde el hecho de ser niña significa, aún con demasiada frecuencia, que su existencia importa menos que la de un niño e importará menos como mujer.

La autora nos relata lo duro que es soportar el peso de las tradiciones, las prohibiciones y las humillaciones. Esta niña que nace, ¿se horrorizará al ver un día gotas de sangre que salen de su cuerpo, como Kaneila? ¿Se verá obligada, como Luisa, a hacer con sus llaves un arma para defenderse por la calle? ¿Pensará constantemente en su peso, como Jade?

Por otra parte, aquí se habla de las niñas que nacen. Pero también debemos pensar en las que no nacerán jamás, porque cuando están en el vientre de su madre se decide que no se quiere tener una niña…

Y, por otro lado, la autora también nos muestra el aspecto tierno y libre de la existencia de una niña. Hay mujeres que ayudan, protegen y dan ejemplo: «La jefa del refugio es una mujer», declara Makena, cuando encuentra su camino en el cuidado de los animales. Hay calles que son peligrosas, pero también hay espacios de revolución, como en el caso de Luisa. Hay momentos de libertad en el corazón de las imposiciones: Mahnoosh y la magia de ser a veces un chico…

A partir de testimonios, Alice Dussutour nos ofrece historias a la vez individuales y colectivas de lo que significa nacer niña y convertirse en mujer en los distintos lugares del mundo. Nos habla tanto desde un punto de vista de la ficción como del documental, mediante imágenes y palabras, para hacernos compartir de cerca la vida de estas niñas que tienen todas ellas algo en común pero que, sin embargo, viven existencias diferentes.

La sororidad que propone no es sencilla. No se trata de «todas nos parecemos, por lo tanto, actuemos juntas», sino de «creo que comprendo un poco tu experiencia del mundo y, aunque no es la misma la tuya que la mía, te ofrezco la ternura, la rabia y los sueños de una hermana».

Sororal lectura a todas y todos.

Clémentine Beauvais

ÍNDICE

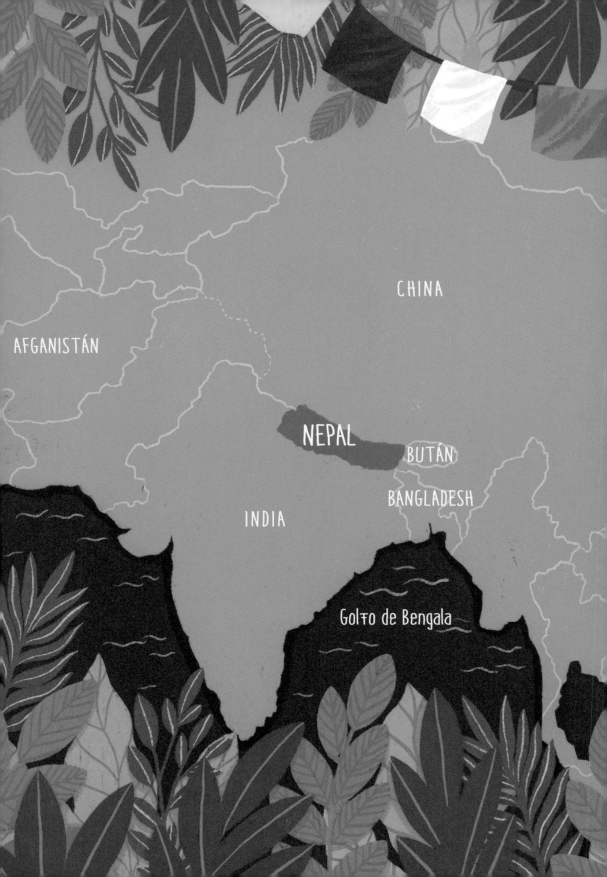

KANEiLA

Nepal

NAMASTÉ
me llamo Kaneila

कनेइला

KANEILA SIGNIFICA «BELLA COMO UNA ROSA».

VIVO CERCA DE LAS MONTAÑAS CON MI MADRE,
MI HERMANO MAYOR Y MI HERMANA PEQUEÑA
EN EL OESTE DEL NEPAL.

Vivo aquí, en el
distrito de Achham.

KATMANDÚ
la capital

COMO TODOS LOS DEMÁS ALDEANOS,
MI FAMILIA ES MUY CREYENTE.
SOLEMOS IR AL TEMPLO A REZAR
Y DEPOSITAR OFRENDAS PARA LOS
DIOSES. ASÍ, ELLOS NOS PROTEGEN
Y NOSOTROS LES DAMOS LAS GRACIAS.

ESTA SEMANA TENDRÉ LA REGLA.
NO TENDRÉ DERECHO A IR AL TEMPLO.
TAMPOCO TENDRÉ DERECHO A IR A LA ESCUELA.

ES DECIR, NO TENDRÉ DERECHO A HACER NADA, PUESTO QUE SEGÚN LA TRADICIÓN *CHAUPADI*, UNA CHICA QUE TIENE LA REGLA ES IMPURA Y DEBE CONFINARSE DURANTE UNA SEMANA.

CHAU

menstruación

PADI

mujer

EN LAS ESCRITURAS HINDÚES ESTÁ ESCRITO
CON CLARIDAD: LA SANGRE MENSTRUAL ES LA
MALDICIÓN POR UN PECADO DE LOS DIOSES.

sucia
e impura

LA PRIMERA VEZ QUE ME VINO LA REGLA,
ESTABA EN EL BAÑO Y VI SANGRE. ME ASUSTÉ
Y FUI A VER A MI MADRE.

¡Sangro,
voy a morir!

Ahora ya eres una mujer,
deberás dormir fuera.

SI POR DESGRACIA TOCO UNA VACA, COMIDA, FRUTAS O
VERDURAS, SE PUDRIRÁN Y LAS PLANTAS SE MARCHITARÁN.
POR ELLO, DURANTE SIETE DÍAS, DEBO IR AL *CHAU GOTH*
Y QUEDARME ALLÍ A DORMIR.

EL *CHAU GOTH* ES UNA CHOZA
ALEJADA DE LA ALDEA. DEBO
ANDAR VEINTE MINUTOS PARA
LLEGAR AHÍ.

AL LLEGAR, MI MADRE BENDICE
EL *CHAU GOTH* Y PIDE PERDÓN
A LOS DIOSES, COMO SI YO
HUBIESE ELEGIDO TENER LA
REGLA.

CREO EN LOS DIOSES,
AMO A MI PAÍS, MI ALDEA,
NUESTRAS TRADICIONES Y FIESTAS,
PERO NO ME GUSTA EL *CHAUPADI*.
CADA VEZ MÁS, TENGO LA IMPRESIÓN
DE QUE ES UNA SUPERSTICIÓN.

MI MADRE Y MI ABUELA NO ME DEJAN DORMIR EN
CASA. HASTA AHORA NO HE PROTESTADO, POR TEMOR
A QUE LES PASE ALGUNA DESGRACIA POR MI CULPA.

ME ENCANTAN LAS PAPAYAS,
PERO TENGO PROHIBIDO
COMERLAS O TOCARLAS
MIENTRAS TENGO LA REGLA.
ES UN FRUTO SAGRADO Y SE
PUDRIRÍA TODO EL ÁRBOL.

UN DÍA ME ARMÉ DE VALOR Y
TOQUÉ UNA PAPAYA PARA VER
SI EL ÁRBOL O EL FRUTO SE
MARCHITABAN.

ESPERÉ VARIOS DÍAS
Y NO PASÓ NADA.

AHORA ESTOY CONVENCIDA
DE QUE SON SUPERSTICIONES
Y YA NO ME LAS CREO.

DURANTE EL DÍA ME TRAEN COMIDA Y AGUA SIN SIQUIERA ACERCARSE. PARA LAVARME, TENGO QUE IR CAMINANDO VARIOS KILÓMETROS HASTA UN POZO ESPECIAL, YA QUE NO TENGO DERECHO A TOCAR EL AGUA DE LA ALDEA, PORQUE PODRÍA CONTAMINARLA. CUANDO ESTOY ALLÍ, HAY PERSONAS QUE NO QUIEREN NI SIQUIERA DIRIGIRME LA PALABRA. TENGO LA IMPRESIÓN DE SER INVISIBLE. INTOCABLE.

TODOS TIENEN UNA HISTORIA QUE CONTAR QUE JUSTIFICA ESTA TRADICIÓN. UNA VEZ, UN HOMBRE INCLUSO LLEGÓ A CONTAR QUE HABÍA PERDIDO LA VISTA DURANTE UNA SEMANA POR HABER ROZADO ACCIDENTALMENTE A SU HIJA, QUE TENÍA LA REGLA.

LO PEOR DE TODO SON LAS NOCHES.
HACE FRÍO Y TENGO MUCHO MIEDO A LOS
ANIMALES SALVAJES. AHORA ESTAMOS
EN LA ESTACIÓN DE LAS LLUVIAS Y HAY
MUCHAS SERPIENTES. EL *CHAU GOTH* NO
TIENE PUERTA, POR LO QUE PUEDE ENTRAR
CUALQUIER ANIMAL O PERSONA.
ESTA NOCHE NO HE PODIDO DORMIR.
LOS ANIMALES NO SON LA ÚNICA AMENAZA,
ALGUNOS HOMBRES NO RESPETAN NADA
Y SE APROVECHAN DE QUE LAS MUCHACHAS
SON VULNERABLES. TENGO MIEDO DE QUE
VENGA ALGÚN HOMBRE. ESTOY ATERRADA.

TODAS LAS NOCHES,
ESTE MIEDO SE TRANSFORMA
EN RABIA.

Al terminar la semana de aislamiento, debo lavarme en el chaupadi dhara para purificarme.

ESTOY LISTA PARA RETOMAR
MI VIDA EN LA ALDEA.

TAMBIÉN HAY QUE SABER QUE, SI TOCO UN LIBRO MIENTRAS TENGO LA REGLA, SARASVATI, DIOSA DE LA EDUCACIÓN, DESCARGARÁ SU CÓLERA CONTRA MÍ.

HOY YA PUEDO REGRESAR A LA ESCUELA.

ME ENCANTA IR A LA ESCUELA, ALLÍ APRENDO UN MONTÓN DE COSAS Y PUEDO REUNIRME CON MIS AMIGOS.

DIRHA

HOY ES UN DÍA ESPECIAL. BIST, LA PRIMA DE DIRHA, HA VENIDO A NUESTRA CLASE. HA VIAJADO MUCHO Y HA ESTUDIADO BIOLOGÍA EN KATMANDÚ. VIENE DE UNA ALDEA QUE YA NO PRACTICA EL *CHAUPADI.*

SU FAMILIA YA NO ENVÍA A DIRHA AL *CHAU GOTH* CUANDO TIENE LA REGLA, AUNQUE DUERME EN UNA HABITACIÓN SEPARADA LLAMADA *BAITKAK.*

NOS EXPLICA QUE DOS MUCHACHAS MURIERON POR LA MORDEDURA DE UNA SERPIENTE EN EL *CHAU GOTH.*

ENTONCES, LAS MUJERES DE SU ALDEA SE DIERON CUENTA DE QUE LOS DIOSES NO TENÍAN NADA QUE VER EN ESTA HISTORIA. ¡HABÍAN RESPETADO LA TRADICIÓN Y LOS DIOSES NO HABÍAN PROTEGIDO A LAS MUCHACHAS! ENTONCES DECIDIERON NO SEGUIRLA MÁS, A PESAR DE LA CÓLERA DE LOS SACERDOTES Y DE ALGUNOS ALDEANOS.

EN CLASE, BIST NOS HA EXPLICADO EL PROCESO DE LA REGLA. TODAS ESTÁBAMOS MUY INTERESADAS, PERO AL MISMO TIEMPO INCÓMODAS, PORQUE NADIE ANTES NOS HABÍA HABLADO DE ELLO, Y MENOS DELANTE DE LOS CHICOS.

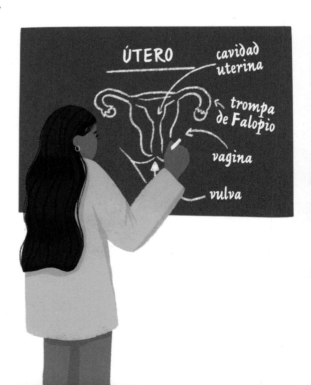

ÚTERO
cavidad uterina
trompa de Falopio
vagina
vulva

DEMASIADO AVERGONZADAS, ALGUNAS SE HAN IDO DE CLASE.

YO ESCUCHABA FASCINADA LAS PALABRAS DE BIST. HA DICHO QUE, SI QUERÍAMOS, IRÍA A HABLAR CON NUESTRAS FAMILIAS.

HASTA ESE MOMENTO, YO PENSABA QUE HABÍA SIDO CASTIGADA POR LOS DIOSES PORQUE HABÍA NACIDO NIÑA. PENSABA QUE ERA SUCIA, ME SENTÍA HUMILLADA DURANTE LA REGLA, CUANDO ES UN PROCESO NATURAL QUE FORMA PARTE DE TODAS LAS MUJERES DEL MUNDO.

SI EN LA ALDEA DE BIST LAS MUJERES PUDIERON DEJAR DE APLICAR EL *CHAUPADI*, ¿POR QUÉ NO NOSOTRAS?

La regla no es una vergüenza ni una culpa.

NUESTRAS FAMILIAS NOS QUIEREN, Y NOS HACEN RESPECTAR EL *CHAUPADI* PORQUE CREEN QUE ES LO CORRECTO. EXPLICARLES LA HISTORIA DE ESTAS CHICAS Y EL FUNCIONAMIENTO NATURAL DE LA REGLA PODRÍA HACER QUE SE DIESEN CUENTA DE QUE YA NO VALE LA PENA HACERLO.

A MI MADRE TAMPOCO LE GUSTA EL *CHAUPADI*. ELLA LO RESPETA POR TRADICIÓN Y SOBRE TODO POR MIEDO. CREO QUE ALGÚN DÍA LO COMPRENDERÁ.

ADEMÁS, A MUCHAS MUJERES TAMPOCO LES GUSTA EL *CHAUPADI* PERO NO LO COMENTAN. TIENEN MIEDO AL QUÉ DIRÁN, PERO SI HABLÁSEMOS LIBREMENTE DE ELLO, PODRÍAMOS CAMBIAR LAS TRADICIONES.

A MÍ ME GUSTARÍA ESTUDIAR Y CONVERTIRME EN PROFESORA, PARA QUE NINGUNA NIÑA VUELVA A ESTAR EN PELIGRO Y NO SE AVERGÜENCE NUNCA MÁS DE SU REGLA NI DE SU CUERPO.

HOY TENGO ESPERANZA.
¡ESTOY CONVENCIDA DE QUE
LAS COSAS CAMBIARÁN!

¿DE DÓNDE PROVIENE EL *CHAUPADI*?

Un día, siguiendo los consejos de Vishnu, dios del tiempo, Indra mató a un brahmán, un hombre de una casta muy importante. Desde entonces, está maldito por este terrible pecado. Decidió esconderse durante un año en una flor, con la esperanza de hacerse perdonar.

La historia podría haber finalizado aquí, pero siempre siguiendo los consejos de Vishnu, Indra decidió compartir su maldición con los árboles, el agua, la tierra y… ¿adivináis con quién? ¡Con las mujeres! Al compartir su maldición con las mujeres, Indra creó la menstruación, haciéndolas sangrar cada mes. A partir de entonces, se consideran impuras y cualquiera que se acerque a ellas, también será maldito. Y así es como la regla se asoció a algo sucio e impuro.

Como las leyendas y los textos fundamentales de las religiones a menudo asocian la regla a un pecado, se han generado, como consecuencia, las ideas preconcebidas y las supersticiones, y el tabú. El *chaupadi* es un buen ejemplo de una práctica peligrosa surgida de una leyenda convertida en tradición, seguida a lo largo de los siglos, y que ha prevalecido al conocimiento científico del cuerpo y de la menstruación.

El hinduismo se basa en numerosas historias y leyendas. Muchos dioses son venerados con rituales. Cada año, se celebra el *Rishi Panshami*, una fiesta cuya historia está vinculada a la regla. Las mujeres van a los ríos sagrados y celebran rituales para purificarse de posibles pecados que pudieran haber cometido durante la regla.

El mejor escondite.
¡Solo quedan 364 días!

¿QUÉ ES UN TABÚ?

Un tabú es algo de lo que no se habla jamás, a menudo por pudor o vergüenza. Puede tratarse de temas íntimos, pero también relacionados con la religión o la familia. Es algo de lo que no está bien visto hablar con otras personas.

El problema es que cuando un tema se convierte en tabú, se vuelve intocable. Es como si no existiese, aunque afecte muchísimo y provoque malestar. La regla es vista como un tema demasiado íntimo. Resulta vergonzoso y por lo tanto tabú, ¡aunque afecte a todas las personas con útero!

¡Romper
los tabús permite
restablecer la
verdad y encontrar
soluciones!

PERO, EN REALIDAD, ¿PARA QUÉ SIRVE LA REGLA?

No hay razón alguna para avergonzarse de tener la regla. Muy al contrario, si piensas en ello, el cuerpo hace cosas asombrosas, y es bueno recordarlo, ¿verdad?

El cuerpo femenino funciona en forma de ciclo menstrual de unos 28 días, según las personas. Empieza el primer día de la regla y acaba el primer día de la regla siguiente. Lo regulan las hormonas situadas en el cerebro. A mitad de ciclo, un ovario libera un óvulo, que desciende por una trompa de Falopio y viaja hasta el útero.

abracadabra

tengo el poder de crear vida

Y, cada mes, el útero prepara un pequeño nido para acoger a un óvulo fecundado por un espermatozoide. Este lugar es el endometrio, y es una mucosa que recubre el útero. Si el óvulo no se ha fecundado, esta mucosa uterina se evacúa por la vagina: ¡esto es la regla! El ciclo se repite cada mes y el sangrado puede durar de tres a siete días.

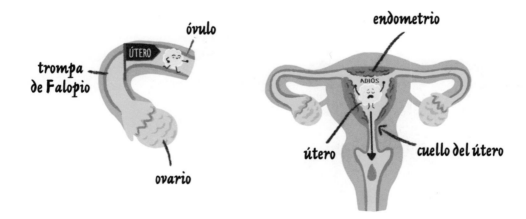

trompa de Falopio · ÚTERO · óvulo · ovario

endometrio · ADIÓS · útero · cuello del útero

ROMPER EL TABÚ DE LA REGLA

Con demasiada frecuencia, cuando una niña tiene la regla, su familia interpreta que ya es una mujer en edad de casarse e incluso tener hijos. Esta creencia es la responsable de embarazos precoces y peligrosos para millares de niñas. Una niña tiene su primera regla entre los 10 y los 14 años, pero ello no significa que se convierta en mujer de la noche a la mañana.

En Nepal, el 37 % de las muchachas se casan antes de los 18 años, cuando la edad legal mínima es de 20 años. La pobreza, la falta de acceso a la educación, la tradición, la presión social suelen ser las causas… y, por desgracia, esto sucede en muchos otros países.

Estas desigualdades se transmiten de generación en generación, a pesar de que las niñas ya no deberían estar en peligro ni avergonzarse cada mes de tener la regla.

No es fácil librarse de una tradición. ¡No desaparece de la noche a la mañana! Contrariamente a lo que pudiera creerse, no son forzosamente los hombres quienes obligan a las mujeres a confinarse. Casi siempre son las mujeres más ancianas las que perpetúan la tradición, por vergüenza y culpabilidad, pero sobre todo por falta de información. Prefieren sufrir unos días de confinamiento menstrual antes de que suceda una desgracia por su culpa.

34

En el 2005, el Tribunal Supremo de Nepal aprobó una ley que prohíbe a toda persona imponer el *chaupadi* a las mujeres. Entonces, muchos nepalíes destruyeron sus *chau goths* como símbolo de emancipación.

LA REGLA NO ES SOLO UNA «COSA DE CHICAS»

Sea cual sea el país, suelen presentarse los mismos problemas, en grados distintos, pero todos están relacionados con la vergüenza, la pobreza, la educación, la sanidad. El hecho de no enseñar el proceso de la regla es hacer como si este tema no existiese. Por lo tanto, es preciso que todo el mundo tenga acceso a estos conocimientos.
¡Sí, sí, todo el mundo! No solo las niñas. En la escuela, los niños no se suelen sentir aludidos cuando se trata de este tema. Además, no tienen ningún motivo para burlarse de la regla, ya que es algo normal. Pueden hablar de ello con sus amigos, impedir las burlas, escuchar y actuar, ¡como las mujeres! Los docentes que se preocupan por estos temas también desempeñan un papel importante. A su vez, los alumnos sensibilizados podrán denunciar y actuar contra las desigualdades, aliviar la vida cotidiana de las mujeres e incluso cambiar el mundo. Por lo tanto, no es un tema privado ni solo una cosa de chicas: ¡la regla es política!

De media, una persona tiene la regla 2555 días en toda su vida. ¿Cómo va a tener confianza en sí misma, atreverse a expresarse, si lo único que tiene en la cabeza es intentar pasar desapercibida cada mes y gestionar la sangre y los dolores menstruales?

¡No, en serio, no lo entiendes! ¡No es divertido, y contribuyes a que sea un tema tabú!

REGLAS MUY CARAS

Tener la regla significa que cada mes deben usarse protecciones higiénicas. Aún hoy en día, en todo el mundo, muchas mujeres tienen que elegir entre comer o comprar protecciones. Esto se llama precariedad menstrual y afecta a unos 500 millones de mujeres. Implica el acceso a protecciones higiénicas, pero también a un entorno adaptado, con agua corriente limpia para lavarse.

En los países pobres, algunas mujeres utilizan arena, hojas muertas, tierra o cenizas. Ocultan sus ropas manchadas en los techos de las chozas, debajo del colchón, las queman en el campo…, demasiado avergonzadas para lavarlas o dejarlas secar a la vista de todos. El resultado son infecciones y enfermedades, en algunos casos fatales. La regla es la principal causa de absentismo escolar de las niñas en los países pobres. Al estar excluidas, se avergüenzan de su cuerpo, arriesgan su salud, su vida y sufren aún más desigualdades e injusticias.

Todas las mujeres tienen derecho a la dignidad, y la regla en ningún caso debe arrebatárselo.

¡UN NUEVO CICLO PARA LA REGLA!

En Nepal y la India, pero también en algunas regiones de África, hay grupos de mujeres y asociaciones que actúan contra la precariedad menstrual y el tabú de la regla.

Algunos grupos enseñan a coser compresas higiénicas lavables, las forman en normas sanitarias, van de casa en casa por las aldeas para sensibilizar sobre la menstruación, la higiene y para asegurarse de que las muchachas no sufran un confinamiento menstrual.

Esta implicación requiere un gran valor. En realidad, algunas personas y gobiernos se oponen a este esfuerzo con firmeza, porque temen que todo ello acelere la emancipación de las mujeres.

En el sudeste asiático se ha instaurado un permiso menstrual que permite descansar a las mujeres con reglas dolorosas. Otros países están considerando el tema. Es una buena idea, pero el problema es que, en un mundo sexista, también es un pretexto más para contratar a menos mujeres, pagarles menos que a los hombres o descartarlas porque consideran que son impuras... La lucha dista mucho de haber acabado.

En 2020, Escocia fue el primer país del mundo en proporcionar protecciones periódicas gratuitas a todas las personas que lo necesitan. ¡Que otros países tomen ejemplo! Algunos países también colocan distribuidores de protecciones higiénicas en las escuelas y en lugares públicos...

JADE

Francia

**BONJOUR
Me llamo Jade**

JADE

MI NOMBRE TAMBIÉN ES EL DE UNA
PIEDRA VERDE CÉLEBRE POR
TRANQUILIZAR EL CUERPO Y EL ALMA.

**Vivo en el suroeste
de Francia,
junto al mar.**

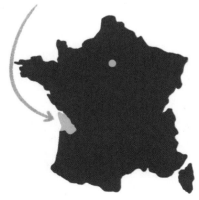

VIVO CON MIS PADRES Y MI
HERMANA MAYOR.

Desde mi ventana veo el azul del océano.
Varias veces por semana, salgo a pasear
por la playa con mi perro Poppy.

PASO MUCHO TIEMPO EN MI
HABITACIÓN CON MI PORTÁTIL.
ESCUCHO MÚSICA, MIRO VÍDEOS,
PERO LO QUE ME GUSTA MÁS
ES ESCRIBIR Y DIBUJAR.

MI HERMANA ADELA Y YO
ESTAMOS MUY UNIDAS.
VIENE A VERME A
MENUDO Y SIEMPRE ME
PROPONE HACER COSAS
JUNTAS.

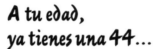

A tu edad,
ya tienes una 44...

Qué lástima,
con la cara tan
bonita que tienes...

PERO CON MI MADRE ES COMPLICADO.
A VECES ME DA LA IMPRESIÓN DE QUE
SOLO SE PREOCUPA DE SU TRABAJO,
DE SU ASPECTO...
Y, DE HECHO, ESPECIALMENTE DEL MÍO.

SIEMPRE ME COMPARA CON MI HERMANA.

INTENTO NO HACERLE DEMASIADO CASO, PERO ME ENTRISTECE UN POCO Y ME SUELO ENFADAR CON ELLA. SIEMPRE ME SIENTO COMO SI NO FUESE LO BASTANTE BUENA PARA ELLA, AUNQUE ME ESFUERCE. ADELA ES LA ÚNICA QUE ME ANIMA. A MENUDO ME DICE:

¡Eres genial, divertida, creativa, puedes hacerlo todo!

Y NO SOLO SE TRATA DE MI MADRE. YA ME HA PASADO QUE SE BURLEN DE MÍ O ME HAGAN COMENTARIOS EN EL INSTITUTO.

¡Vamos Jade, muévete!

EL PROFESOR DE EDUCACIÓN FÍSICA PIENSA QUE DEBO ESFORZARME MÁS QUE LOS DEMÁS.

ALGUNOS CHICOS TAMBIÉN ME HAN DICHO QUE NUNCA EN LA VIDA QUERRÍAN ESTAR CONMIGO. ¡Y EN NINGÚN MOMENTO LES HE PEDIDO SU OPINIÓN!

MI MADRE ME HA LLEVADO AL MÉDICO PORQUE TENÍA
UN POCO DE FIEBRE. EN CUANTO ME HA PESADO, SE HAN
PUESTO A HABLAR ÚNICAMENTE DE MI PESO.

EN UN MOMENTO
DADO, HA DICHO:

*Una chica bonita como tú
no debería descuidarse
de esta manera.*

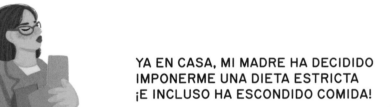

NO CREO QUE LO DIJESE CON
MALA INTENCIÓN, PERO ME SENTÍ
HUMILLADA.

YA EN CASA, MI MADRE HA DECIDIDO
IMPONERME UNA DIETA ESTRICTA
¡E INCLUSO HA ESCONDIDO COMIDA!

Y DESDE ENTONCES, ME REPITE
SIEMPRE LO MISMO:

*Basta de carbohidratos o azúcares.
¡Toma un plato pequeño!*

No comas postre... ¡Cuidado!
Algunas verduras son demasiado calóricas.

Pesa mis comidas.

YA NO COMO IGUAL QUE LOS DEMÁS, TODO ESTÁ
COCINADO AL VAPOR. MI MADRE CONTROLA TODO LO
QUE HAGO. SOY LA RARA DE LA FAMILIA.

¡BUEN PROVECHO!

otra vez sopa

ME DOY CUENTA
DE QUE MI PADRE
SE SIENTE INCÓMODO.

NO DEJO DE PENSAR EN LOS COMENTARIOS QUE ME HAN HECHO DESDE QUE ERA PEQUEÑA.

ES CURIOSO, TODOS TIENEN SIEMPRE UN CONSEJO QUE DARME SOBRE MI CUERPO Y TEORÍAS SOBRE MI FÍSICO. SE DIRÍA QUE TODOS SE HAN VUELTO EXPERTOS EN NUTRICIÓN.

PERO ¿ACASO LES HE PREGUNTADO YO ALGO?

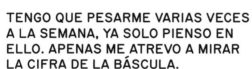

TENGO QUE PESARME VARIAS VECES A LA SEMANA, YA SOLO PIENSO EN ELLO. APENAS ME ATREVO A MIRAR LA CIFRA DE LA BÁSCULA.

SOLO ESPERO BAJAR DE PESO PARA QUE ME DEJEN EN PAZ.

DEMASIADO

CUANDO PIERDO UNOS GRAMOS, YA ES UNA VICTORIA. CUANDO PIERDO KILOS, TODO EL MUNDO ME FELICITA.

PERO NO ES
SUFICIENTE...

... Y ME PARECE
QUE NUNCA LO SERÁ.

NI SIQUIERA ME APETECE ESCRIBIR NI DIBUJAR.
TENGO HAMBRE, Y YA NO PUEDO SOPORTAR MÁS
ESTA PRESIÓN. ME GUSTARÍA DESAPARECER, SER
INVISIBLE PARA QUE YA NO SE FIJEN EN MÍ.

PERO SOLO ME VEN A MÍ.
AUNQUE NO DIGA NADA,
TODO GIRA ALREDEDOR DE
MI CUERPO. HABLAN DEL
TEMA COMO SI TUVIERA QUE
ACEPTARLO TODO.

HE GANADO PESO, MUCHO. TODOS ME DICEN QUE ES
CULPA MÍA, PORQUE NO ME ESFUERZO LO SUFICIENTE.
SOY UN DESASTRE. ME SIENTO RARA. RARA Y GORDA.

POR UN LADO, TENEMOS QUE ACEPTARNOS TAL COMO SOMOS Y SER NATURALES. Y, POR OTRO LADO, ¿NO TENGO DERECHO A SER COMO SOY?

ME DOY CUENTA DE QUE NO ESTOY BIEN.
ME PASO EL DÍA EN LA CAMA CON EL MÓVIL.

OJALÁ PUDIERA PARECERME A
TODAS ESTAS CHICAS, ¡TODAS
PARECEN TAN FELICES!

Julia, simplement

Pfff...
Me odio.

MI HERMANA ME REPITE QUE PASE
DE TODO ESTO, MI PESO, LAS DIETAS...
LO IMPORTANTE ES QUE YO RECUPERE
LA ALEGRÍA DE VIVIR.

YO SÉ QUE TIENE RAZÓN, PERO NO
CONSIGO SACÁRMELO DE LA CABEZA.

HOY, CLARA, MI MEJOR AMIGA, HA HABLADO CONMIGO. ME HA DICHO QUE HE CAMBIADO MUCHO, QUE YA NO ME RÍO COMO ANTES.

HE DECIDIDO CONTARLE HASTA QUÉ PUNTO ME CUESTA SOPORTAR TODO ESTO, ME SIENTO FRACASADA Y MAL EN MI PIEL.

ME EXPLICA QUE NO PODEMOS SATISFACER LAS EXPECTATIVAS DE LOS DEMÁS, Y QUE DESDE MUY PEQUEÑA TAMBIÉN SE HAN BURLADO DE ELLA POR SUS ORÍGENES. SE ENFADA Y ME ANIMA:

¡Siéntete orgullosa de ser tú misma!

«¡NI SE TE OCURRA ARRUINARTE LA VIDA POR ALGO QUE NO PUEDES CAMBIAR! ERES COMO ERES».

TU CUERPO ES MÁGICO. TE PERMITE...

ver paisajes

reír a carcajadas

enamorarte

sentir el sol en tu piel

pasear por la playa

comer platos deliciosos

nadar

bailar

CLARA ME CONOCE DESDE PEQUEÑA
Y SÉ QUE TIENE RAZÓN.

ME HE ARMADO DE VALOR Y HE ESCRITO
UNA CARTA A MIS PADRES PARA DECIRLES
LO DIFÍCIL QUE ES PARA MÍ VIVIR CON
ESTA PRESIÓN DE LA DIETA. NO PUEDO
SOPORTARLO MÁS.

ENSEGUIDA HAN VENIDO A HABLAR CONMIGO,
MI MADRE ESTÁ PREOCUPADA.

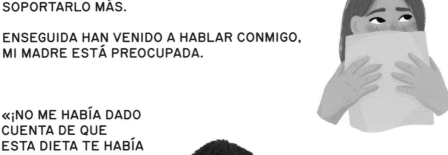

«¡NO ME HABÍA DADO
CUENTA DE QUE
ESTA DIETA TE HABÍA
ALTERADO TANTO!».

MI PADRE NO HACÍA MÁS QUE LLORAR Y DECIRME QUE LOS DOS
ME QUIEREN MUCHO. QUE NO CREÍA QUE YO PUDIERA PENSAR
COSAS TAN NEGATIVAS DE MÍ MISMA. ÉL SUELE SER RETRAÍDO,
PERO AHORA SÉ QUE PUEDO CONTAR CON ÉL.

ESTÁ DECIDIDO, BASTA DE DIETA. VAMOS A CONTROLAR
MI SALUD Y NO ÚNICAMENTE MI PESO.

¡TODA ESTA HISTORIA ME HA DADO UNA IDEA!

HE SACADO MI CUADERNO DE BOCETOS. ME PONGO A ESCRIBIR. ¡MI HEROÍNA TENDRÁ FORMAS, UN CUERPO COMO EL MÍO!

¡Oh, uau! ¡Qué fuerte!

¡Y qué genial!

SERÁ SUPERPODEROSA, A NADIE LE IMPORTARÁ SU TALLA DE PANTALÓN, NI SIQUIERA HABLARÁN DE ELLO, PORQUE, DE HECHO, NO ES ASUNTO DE NADIE.

AHORA YA NO DEJARÉ QUE ME INTIMIDEN. NO SONREIRÉ AMABLEMENTE PARA COMPLACER A LOS QUE HACEN COMENTARIOS Y BROMAS SOBRE MI FÍSICO.

ESTOY HARTA DE QUE SE ME JUZGUE SOLO POR ELLO. SOY MUCHO MÁS QUE UN CUERPO.

bondadosa

Poppy

creativa

amante de la naturaleza

sensible

mi familia

mis amigas

simpática

¿DE QUÉ SERVIRÍA CAMBIAR DE APARIENCIA PARA COMPLACER A LOS DEMÁS? Y, ADEMÁS, ¿PARA COMPLACER A QUIÉN?

ME DOY CUENTA DE QUE CASI TODO EL MUNDO SOPORTA PREJUICIOS ESTÚPIDOS. LO CIERTO ES QUE, ENTRE MIS AMIGOS, MUCHOS HAN SUFRIDO BURLAS. DE TODOS MODOS, SIENTO QUE NUNCA SEREMOS COMO ES DEBIDO.

LO IMPORTANTE ES QUE YO ME SIENTA BIEN. SÉ QUE
A VECES SERÁ DIFÍCIL VIVIR CON MI CUERPO
SIN PENSAR EN ÉL, Y APRECIARLO, ¡PERO ESTO
SOLO ME CONCIERNE A MÍ!

LAS CHICAS TIENEN QUE SER GUAPAS

¡Los modelos a seguir son sexistas y muy exigentes con las mujeres! Se considera que su valor se define por su apariencia: se exige que sean guapas. Influidas por esta obligación, sin darse cuenta, imitarán modelos que se perciben como ideales, por ejemplo, en las redes sociales. ¡Y puede convertirse en una obsesión!

Si una chica estuviera sola en una isla desierta, ¿pensaría en adelgazar, depilarse y esconder sus granos? ¡Pues claro que no!

En el siglo XIX, Elisabeth de Wittelsbach, o Sissi emperatriz, se pasó la vida haciendo lo imposible para conservar su belleza. En rivalidad con la emperatriz Eugenia, quería tener la cintura más delgada, los cabellos más largos y conservar su juventud. Esta obsesión la empujó a pasar hambre, hacer deporte intensamente, e incluso ocultar su rostro hasta el fin de su vida.

En nuestra sociedad de consumo, las empresas de dietética y cosmética se aprovechan de ello. Las marcas tienen muchas estrategias. Tienen mucho interés en fomentar la delgadez, las dietas, e incluso la cirugía y las inyecciones para conseguir una belleza que dicen «natural». De repente, se intenta controlar el cuerpo femenino para conseguir una belleza perfecta y una juventud eterna. En un mundo ideal, si todas las mujeres se sintiesen bien en su piel, este imperio se hundiría.

De todos modos, habría que tener una suerte tremenda para corresponder naturalmente a los estándares de la época en que se nace. Esta búsqueda de la belleza empuja a las mujeres a verse como rivales. ¡Esto hace que el feminismo sea aún más necesario!

liiiibre

TODO ESO ¿PARA QUÉ?

A fuerza de mostrar un solo tipo de cuerpo delgado, para una joven lo peor que le podría pasar sería… engordar. El 54 % de las jóvenes obesas de una edad comprendida entre 14 y 17 años ya han sufrido comentarios o comportamientos gordofóbicos. A partir de los 6 años, las niñas ya empiezan a preocuparse por su peso, y casi la mitad, entre los 6 y los 12 años, tienen miedo a engordar.

El 37 % de las niñas de 11 años afirman que hacen o han hecho alguna dieta.

Estas normas se introducen desde la infancia en nuestras cabezas. Las consecuencias son desastrosas. Muchas desarrollan problemas de comportamiento alimentario.
Por ejemplo, la anorexia mental afecta particularmente a las jóvenes de entre 12 y 20 años. La proporción es de 9 niñas a 1 niño que la sufren. En los países occidentales, el número de hospitalizaciones se ha duplicado en una generación. El culto a la delgadez impone un control del cuerpo y de la alimentación. Sin embargo, el peso no es una señal de buena salud. Es necesario fijarse en otros indicadores, sin olvidar la salud mental.

ACÉPTATE COMO ERES (PERO HASTA CIERTO PUNTO)

Pero ¿qué problema hay con las chicas gordas? El movimiento *body positive* nació como reacción a todas estas críticas y comentarios. Desde luego mostrar la diversidad de cuerpos motiva a aceptarse tal como se es… ¡pero hasta cierto punto! Se habla de maniquíes de tallas grandes que tienen una talla 44, pero todas tienen la cintura delgada, mucho pecho y anchas caderas.

En realidad, corresponden a un ideal de cuerpo deseable y aceptado por la sociedad. Los cuerpos gordos y obesos continúan invisibilizados. De modo que, con estas representaciones, justamente se ha creado una nueva norma. Además, se crea una nueva obligación: la de estar obligado a querer tu propio cuerpo en cualquier circunstancia.

« I'm working out to have my ideal body type. And you know what type that is? None of your f** business »*

* «Entreno para conseguir mi tipo de cuerpo ideal. ¿Y sabes qué tipo es? ¡No es tu **** problema!». Lizza, cantante, rapera y flautista.

¡Cuídate la piel!
DEMASIADO BAJITA
POCO FEMENINA
¡Alísate el pelo!
DEMASIADO ALTA
PÉINATE
MUY DELGADA ¡COME MÁS!
¡Depílate! ¡Los pelos son feos!

¿QUIÉNES SON NUESTRAS HEROÍNAS?

Cada día nos enfrentamos a miles de imágenes. Los vídeos, la publicidad, las revistas, las películas exponen representaciones que construyen nuestro imaginario. Desde nuestra infancia, nos identificamos con personajes de ficción. Es importante que no sean clichés y fijarnos en los que se parecen a nosotras.

Sin embargo, en el cine, la mayoría de papeles femeninos se escriben para complacer a un público masculino y heterosexual. Sus acciones se valoran por su físico, o tan solo aparecen para hacer que los héroes sean más irresistibles. Se habla de *male gaze* (la mirada masculina). Elecciones estéticas, encuadres y montajes…, la mujer se muestra como un objeto de deseo. Por ejemplo, mostrando un gran plano de su trasero que no aporta nada a la intriga de la película. Esta imagen de seducción se asocia al éxito y empuja a las espectadoras a querer comportarse de la misma manera. Para las que no tienen un cuerpo dentro de los estándares de belleza, esto se convierte en un problema.

¡Síí, REVOLUCIÓN!

¿Podrías citar a personajes de chicas gordas cuyo guion no gire alrededor de sus complejos o de un cambio en su cuerpo? Se han hecho muchos esfuerzos, pero debemos tener en cuenta que la mayor parte de las películas son producidas y realizadas por hombres. La mirada femenina o *female* gaze permite aportar una nueva visión y cambiar nuestra experiencia como espectadoras.

EL TEST DE BECHDEL

Permite evaluar la representación de los personajes femeninos en las películas.

1

Aparecen al menos dos personajes femeninos que tienen nombres.

PETUNIA

HORTENSIA

2

Estos dos personajes mantienen al menos una charla

¿Leíste el libro que te pasé?

3

Esta charla no trata de un hombre.

Parece estrictamente lo mínimo, es absurdo, pero un 40 %* de las películas no pasan el test.

* Estudio realizado sobre 4000 películas.

¡DÉJAME EN PAZ!

A lo largo de la vida, el cuerpo cambia. Hay tantas causas de sobrepeso o de delgadez como individuos. Cada persona tiene su historia y solo le concierne a ella. Ya es hora de considerar a los demás como personas, sin que el género y el físico influyan en nuestro juicio y nuestra mirada. En este sentido, el movimiento *I weigh* ("Yo peso…"), con la iniciativa de Jameela Jamil, ha creado un espacio seguro e inclusivo en las redes sociales. Esta amable comunidad destaca las cualidades de cada uno en lugar de su peso: *I weigh* / yo peso: una superfamilia, bondad, optimismo…

♡ Safe space ♡ · · ·

♡ ◯ ◁   🔖
Amada por 2697 personas respetuosas
¡ Las redes sociales también tienen un poder positivo !

Es normal tener gustos y preferencias, pero no debemos olvidar que la sociedad moldea nuestra mirada. Por ejemplo, si te sientes atraída por una persona alta, bronceada, misteriosa y de mandíbula cuadrada, tal vez es porque has visto un montón de imágenes que destacan a personas de este tipo.

¡La mirada de los demás implica con frecuencia discriminaciones que se basan solo en la identidad de una persona y la propicia todo un sistema! Algunos se ven favorecidos y privilegiados. Ello no significa que su vida sea fácil, pero jamás se verán enfrentados al racismo o al sexismo. Esto les da cierto poder, entonces es mejor ser conscientes de ello para utilizar este privilegio y ayudar a los demás.

¡OH, SÍ!

¡Muy bien! ¡Guapetona!

¿A QUE PAREZCO BEYONCÉ?

UZBEQUISTÁN

TURKMENISTÁN

TADJIKISTÁN

IRÁN

AFGANISTÁN

NEPAL

PAKISTÁN

INDIA

Mar de Arabia

MAHNOOSH

Afganistán

¡SALAM!
Me llamo Mahnoosh

ماهنش

MAHNOOSH EN PERSA SIGNIFICA «CLARO DE LUNA».

Soy de Kandahar,
en Afganistán.

KABUL,
la capital

VIVO CON MI PADRE, MI MADRE
Y MIS SEIS HERMANAS.

*Nuestras casas de barro son como laberintos
y en verano hace mucho calor.*

AQUÍ, NACER NIÑA O NIÑO DETERMINA LA VIDA QUE TENDREMOS.

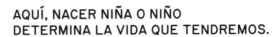

Cúbrete y estate callada.

¡Mi hijo, mi orgullo!

TENER UN HIJO ES MUY IMPORTANTE PARA CADA FAMILIA. SE CONSIDERA UNA BENDICIÓN, YA QUE EL CHICO PUEDE AYUDAR A GANAR DINERO. SIN HIJOS, LA FAMILIA ESTÁ COMO INCOMPLETA, VULNERABLE.

YO HE NACIDO NIÑA, UNA CARGA QUE ME DESTINA A UNA VIDA SIN LIBERTAD.

PERO TENGO UN SECRETO.

NO SOY UNA NIÑA COMO LAS DEMÁS. YO SOY
UNA *BACHA POSH*. EN DARI ESTO SIGNIFICA:
VESTIDA COMO UN CHICO.

DE DÍA SOY UN CHICO. ENTONCES ME LLAMAN MAHYAR,
«AMIGO DE LA LUNA» Y POR LA NOCHE, EN CASA,
VUELVO A SER MAHNOOSH.

CADA MAÑANA ME VISTO
DE CHICO PARA AYUDAR A
MI PADRE EN LA TIENDA.
ES LA ÚNICA SOLUCIÓN QUE
MIS PADRES ENCONTRARON,
Y ES UN SECRETO.

SOLO LO COMPARTIERON CON MI
TÍO AYDIN. SI ALGUIEN MÁS LO
DESCUBRIERA, ME DENUNCIARÍA
A LOS TALIBANES.

mi tío
Aydin

SON HOMBRES ARMADOS. LO DIRIGEN TODO,
Y SUS REGLAS SON MUY ESTRICTAS.

SER *BACHA POSH* ME PERMITE SER MÁS LIBRE.

CUANDO VEO A MIS HERMANAS MAYORES, COMPRENDO
LA VIDA QUE ME ESPERA. ELLAS AYUDAN A MI MADRE EN CASA
Y PRONTO SE CASARÁN.

MIS HERMANAS MENORES TUVIERON
LA OPORTUNIDAD DE PODER IR
A LA ESCUELA, PERO AHORA
ESTÁ PROHIBIDO. LOS TALIBANES
MANDAN EN TODO EL PAÍS. LAS MÁS
AFORTUNADAS HUYERON, OTRAS SE
ATREVEN A PLANTAR CARA.

MIS HERMANAS TEMEN SALIR.
MIS PADRES TAMBIÉN ESTÁN
PREOCUPADOS. CANSADOS POR LA
GUERRA, TIENEN MIEDO DE PERDER
A UNA DE SUS HIJAS.

TENER SIETE HIJAS ES UNA PESADILLA PARA UNA FAMILIA.

CUANDO MI MADRE QUEDÓ ENCINTA POR TERCERA VEZ, ESTABA CONVENCIDA DE QUE ESTA VEZ SÍ TENDRÍA UN NIÑO.

Piedad, una niña no.

LO PREPARÓ TODO PARA MI LLEGADA, COMPRÓ ROPA DE NIÑO... ¡ESTABA MUY ORGULLOSA! POR ESTA RAZÓN, MIS PADRES DECIDIERON HACER DE MÍ UNA *BACHA POSH*.

UNA MUJER QUE NO TIENE HIJOS
VARONES SE LLAMA *SANDA* O
KHOSHK EN DARI, QUE SIGNIFICA
ÁRIDA.

INCLUSO SE DICE QUE UNA MUJER QUE NO TIENE HIJOS VARONES TENDRÍA
QUE HACER UN ESFUERZO Y DESEAR UN NIÑO CON MÁS CONVICCIÓN.
¡EN CUALQUIER CASO, ES CULPA SUYA SI NO TIENE UN VARÓN!

MI PADRE ME SACÓ DE LA ESCUELA CUANDO YO TENÍA 7 AÑOS.
¡DECÍA QUE ERA UNA PÉRDIDA DE TIEMPO! ENTONCES
ME PREGUNTÓ SI QUERÍA SER UN CHICO.

*¿Poder desplazarme sin tener
que rendir cuentas a nadie?*

¿Hacer lo que yo quiera?

¡PUES CLARO QUE SÍ!

MI MADRE ME CORTÓ EL PELO.
ME PUSE ROPA DE CHICO Y MI
NUEVA VIDA EMPEZÓ.

PARA TODAS LAS CHICAS, CUANDO LLEGAN A LA ADOLESCENCIA, LAS COSAS CAMBIAN RÁPIDAMENTE. LAS PROPUESTAS DE MATRIMONIO SE SUCEDEN.

ADEMÁS, UNA EXPRESIÓN PERSA DICE:

«El hijo es nuestro, la hija pertenece a todo el mundo».

DE MOMENTO, YO PUEDO CORRER, HACER VOLAR COMETAS, JUGAR EN EL EXTERIOR, HACER DEPORTE. MIS HERMANAS NUNCA PODRÁN HACERLO, ¡SERÍA UN DESHONOR!

A VECES OLVIDO QUE SOY UNA NIÑA, CAMINO CON SEGURIDAD POR LA CALLE, HAGO LO QUE QUIERO. ¡TENGO MÁS LIBERTAD QUE MI MADRE!

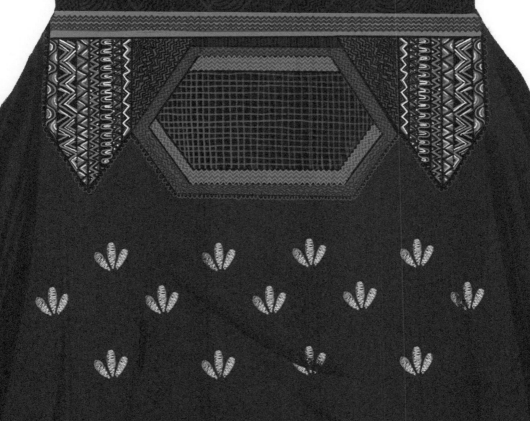

LA CALLE PERTENECE A LOS HOMBRES Y LA LEY QUE DICTAN
LOS TALIBANES EXIGE QUE LAS MUJERES VAYAN TOTALMENTE
CUBIERTAS, COMO SI FUESEN INVISIBLES. LAS QUE SE
ATREVIERON A MOSTRAR SU ROSTRO TIENEN QUE CUBRÍRSELO
CON UN VELO OSCURO PARA OCULTAR SUS OJOS Y SU BOCA.
YA NO PUEDEN SALIR SOLAS.

TRABAJAR CON MI PADRE ES DIFÍCIL. TENGO QUE LLEVAR CARGAS PESADAS. ES MUY DURO TRABAJAR A PLENO SOL, CON EL VIENTO Y EL POLVO.

PREFIERO AYUDAR A MI TÍO AYDIN. ES EL ÚNICO DE MI FAMILIA QUE HA ESTUDIADO Y NO PIENSA COMO LOS DEMÁS HOMBRES.

MI PADRE NO QUIERE LLAMAR LA ATENCIÓN. QUIERE QUE PASEMOS TODAS DESAPERCIBIDAS PARA NO TENER PROBLEMAS.

mi padre

yo

la única foto
colgada en casa

*A veces ya no sé muy bien quién soy,
ni cómo comportarme.*

¿Mahyar o Mahnoosh?

CUANDO ALCANZA LA PUBERTAD, UNA *BACHA POSH* YA NO PUEDE VIVIR COMO UN CHICO, YA NO ES ACEPTABLE.

SÉ MUY BIEN LO QUE ME ESPERA:

ABANDONAR MIS SUEÑOS Y MI VIDA COTIDIANA, CONVERTIRME EN ESPOSA Y DESPUÉS MADRE. ME CUBRIRÉ EL PELO Y MI VOZ YA NO CONTARÁ.

¡NI HABLAR!

YO QUIERO SENTIR EL VIENTO EN MI PELO, CONTAR TANTO COMO LOS CHICOS. YA NO PUEDO CALLARME AHORA QUE HE CRECIDO DE ESTA MANERA. ME SENTIRÍA COMO UN PÁJARO ENJAULADO.

UN DÍA QUE ESTABA AYUDANDO A MI TÍO EN SU TRABAJO,
ENTRÓ MI PADRE Y LE LLEVÓ APARTE PARA HABLAR CON
ÉL. YO OÍA COMO DISCUTÍAN Y DECÍAN VARIAS VECES MI
NOMBRE. COMPRENDÍ QUE NO ESTABAN DE ACUERDO
Y ERA ACERCA DE MÍ. CUANDO VOLVIÓ, MI PADRE ME
APREMIÓ PARA QUE VOLVIESE A CASA CON ÉL.

DESPUÉS DE ESTO, NOTO QUE MIS PADRES
SE CRISPAN CUANDO HABLAN DE MÍ. SABEN QUE
NO QUIERO RENUNCIAR A ESTA VIDA.

QUIEREN QUE ME COMPORTE «COMO UNA CHICA».

SI ESTO SIGNIFICA QUEDARME EN CASA Y
CALLAR, ¿QUIÉN TENDRÍA GANAS DE ESO?
DESDE QUE HEMOS IDO A LA ESCUELA,
MIS HERMANAS PEQUEÑAS Y YO SOÑAMOS
CON OTRA VIDA.

ALGÚN DÍA ESPERO SER INDEPENDIENTE, TENER UN OFICIO, PERO ¿CÓMO VOY A ATREVERME A SOÑAR EN ELLO CUANDO VEO QUE LAS CHICAS ESTÁN ENCERRADAS EN CASA? MI ÚNICA ESPERANZA ES SEGUIR SIENDO *BACHA POSH.*

MIENTRAS MI MADRE ESTABA OCUPADA, UNA DE MIS HERMANAS PEQUEÑAS NOS HABLÓ DE UN SÓTANO DONDE LAS CHICAS SE REÚNEN A ESCONDIDAS. ALLÍ APRENDEN A LUCHAR.

LES DIJE QUE VESTIDA DE CHICO PODRÍA ACOMPAÑARLAS A LOS ENTRENAMIENTOS.

NO SE SABE MUY BIEN LO QUE PASARÁ, PERO UNA COSA ES SEGURA:
¡NOSOTRAS LUCHAREMOS!

NO PODRÉ SEGUIR SIENDO *BASHA POSH* INDEFINIDAMENTE.
PERO, EN EL FONDO, SIEMPRE SEGUIRÉ SIENDO UN POCO MAHYAR.

VIVIR COMO UN HOMBRE PARA SER LIBRE

¿Alguien quiere criticar mi forma de vivir?

Desde hace siglos, las mujeres han tomado la apariencia de hombres para tener acceso a los mismos derechos y libertades que ellos. Es el caso de Agnodice, ginecóloga de la antigua Grecia, o de la célebre Calamity Jane, una joven que montaba a caballo y disparaba con pistola vestida de hombre… Disfrazadas de este modo, intentaban emanciparse y no quedar reducidas a una situación de esposas o madres. En Afganistán, los primeros archivos de las *bacha posh* se remontan al año 900 en la Corte del Gobernador. Desde entonces es difícil conocer el número exacto, pero la práctica se ha extendido desde que los talibanes han prohibido a las mujeres salir sin un hombre.

Calamity Jane

Algunas madres han hecho de sus hijas *bacha posh* para intentar que fueran más libres.

Pero cuando tienen que volver a ser chicas en la adolescencia, a veces les es muy complicado encontrar un lugar en la sociedad. Las han disfrazado para acceder a la libertad y a la seguridad, pero sin pertenecer al género masculino.

Este cambio brutal puede crear traumas y confusión en su identidad de género.

En todos los países del mundo, cuando nace un bebé se define si es niño o niña según su sexo. Ello determina cómo se hace mayor y su papel en la sociedad. Pero algunas personas viven su identidad de género de forma distinta. Entonces hablamos de transidentidad. El género es la identidad de una persona, mientras que el sexo se basa solo en el cuerpo.

¿No tengo derecho porque soy una mujer? ¡Ya lo veremos!

¿QUÉ ES UNA SOCIEDAD PATRIARCAL?

Desde la antigüedad, el origen de la palabra «patriarcado» remite al padre y al poder. En tanto que cabeza de familia, tiene total autoridad sobre su mujer y sus hijos.

Así pues, una sociedad patriarcal es una sociedad en la que los hombres ostentan el poder, ¡oprimiendo y excluyendo a las mujeres! Toda la sociedad influye en la vida cotidiana de las mujeres. Las decisiones importantes, como el hecho de trabajar, votar e incluso hacer las cosas más cotidianas están controladas por los hombres, como si ellos fuesen más importantes. Estas desigualdades no se suelen reconocer claramente y las mujeres siguen discriminadas de generación en generación.

Antes, en clase de lengua se solía decir: «El masculino prevalece sobre el femenino». Es la misma idea: inconscientemente se favorece el masculino. Nos parece mal y una insensatez, ¿verdad? Y sin embargo la mayoría de las culturas del mundo son patriarcales. A veces, librarse de ello es muy difícil e incluso está prohibido. Se impide a las mujeres ser libres, disponer de su cuerpo, expresarse, estudiar y trabajar… ¡La lista es larga!

LAS MUJERES EN AFGANISTÁN

Veamos la historia de las mujeres en Afganistán. Obtuvieron el derecho a voto en 1919, mucho antes que en España en 1931.

En los años 1960 y 1970, los derechos de las mujeres eran muy frágiles, pero algunas pudieron estudiar y trabajar. Después, el país entró en un período de conflictos armados. Las mujeres fueron las primeras víctimas. Se redujeron sus derechos y cada vez sufrieron más violencia.

En el régimen talibán, las mujeres están sometidas a una política despiadada. Se las obliga a llevar un velo completo, el burka, que oculta completamente su rostro. Son víctimas de la violencia, no se les permite ir a la escuela, votar, trabajar, salir sin presencia masculina... Incluso sus hijos tienen más libertad que ellas.

En 1996, un movimiento de hombres armados, los talibanes, quiso imponer su visión del mundo en el mayor número posible de territorios, en Afganistán y Pakistán. Tomaron el poder e impusieron reglas muy estrictas en nombre de su interpretación de la religión del islam. Aplican la *sharía*, la ley islámica.

Cuando este gobierno fue derrocado por una república islámica, las grandes ciudades pudieron progresar. Con la ayuda internacional, las jóvenes pudieron ser escolarizadas de nuevo en Kabul, la capital. Algunas pudieron ir a la universidad, trabajar e incluso conseguir cargos en el gobierno y de gran responsabilidad. Pero en 2021, el país cayó de nuevo en manos de los talibanes y reinstauraron la sharía. Desde entonces quedaron prohibidos todos los derechos y las libertades adquiridos anteriormente.

1919 ¡Ha votado!
1959-72 Algunas reformas
1978 OCUPACIÓN CONFLICTOS
1996 Toma de Kabul por los talibanes
2001 Intervención internacional
pueden estudiar y trabajar
2021 Regreso de los talibanes

LAS CHICAS INSTRUIDAS SON PELIGROSAS

En Afganistán, más del 70 % de las mujeres no saben leer ni escribir. La pobreza obliga a casi un millón de criaturas a trabajar, y miles de escuelas no tienen ni edificios destinados a ello. Además, los talibanes prohíben que las niñas vayan a la escuela. Por todo ello, su acceso a la educación es un auténtico desafío.

La realidad es que la educación de las niñas permite cambiar toda una sociedad de una forma sostenible. Cuando se les da responsabilidades, las mujeres son autoras del cambio y pueden decidir su destino. Las chicas educadas tienen poder, y esto aterra a los gobiernos más estrictos. Ya no se las considera solo en relación con los hombres de su familia, sino como personas. Con otras muchas mujeres afganas, Laleh Osmany en 2020 lanzó una campaña llamada #whereismyname. Juntas, rechazaron ser definidas por sus parientes masculinos y ser consideradas de su propiedad, pero no es una lucha fácil.

En 2012, Malala Yousafzai, una joven paquistaní, recibió un disparo cuando un grupo de talibanes atacó un autobús escolar. Esta prueba no hizo más que redoblar su deseo de cambiar el mundo. Hoy en día es premio Nobel de la Paz y dedica su vida a luchar por la igualdad.

DESCANSA EN PAZ
madre de...
esposa de...

¿DÓNDE ESTÁ MI NOMBRE?

ELUDIR LAS PROHIBICIONES

En la sociedad afgana, se considera indecente que las mujeres practiquen deporte. Para eludir esta prohibición, el proyecto Skateistan tuvo la buena idea de iniciar a las niñas en la práctica del monopatín, que se considera más un juego que un deporte. Una osada apuesta que ha permitido que muchas niñas adquieran confianza en sí mismas.

En Irán, algunas mujeres desafían la prohibición que les han impuesto de ir en bicicleta a riesgo de ser arrestadas. También se han dado cuenta de que sus teléfonos son herramientas para su libertad. En 2022, la "policía de la moral", encargada de hacer aplicar la ley islámica, arrestó a Mahsa Amini por no llevar el velo bien colocado. Algunos días más tarde, su muerte provocó un movimiento de revuelta histórica de enormes dimensiones. Al principio liderado por las mujeres iraníes, agrupó también a los hombres, y continúa a pesar de la represión.

También en Irán, aunque ninguna ley prohíbe a las mujeres asistir a los partidos de futbol, no tienen derecho a ir. No obstante, para animar a su equipo, las iraníes consiguen burlar la seguridad llevando barbas, bigotes y pelucas postizas. En 2019, las autoridades detuvieron a una de ellas, Sahar Khodayari, cuya trágica muerte ocupó las primeras portadas de la actualidad mundial. Entonces Irán permitió que algunos miles de mujeres asistiesen a los partidos de fútbol, manteniéndolas apartadas de los hombres y rodeadas de mujeres policías.

Clubes de deporte más o menos secretos permiten que las mujeres se reúnan, ganen confianza, tengan una afición e incluso aprendan a defenderse.

La Dra. Habiba Sarabi,
primera mujer gobernadora,
activista por la paz y
una de las cuatro únicas
mujeres en negociar la paz
con los talibanes (2002)

Khalida Popal,
primera futbolista
profesional. Fundadora
y directora de Girl
Power Organisation
(2007)

Maryam Durani,
militante y activista,
crea y gestiona sola
Radio Mir-man, dedicada
a los derechos de las
mujeres (2009)

Niloofar Rahmani,
primera mujer piloto
del ejército afgano
(2013)

Hosna Jalil,
primera mujer nombrada
para un alto cargo del
ministerio del Interior
en Afganistán (2018)

Masomah Ali Zada,
primera ciclista afgana
en participar en los
juegos olímpicos
(2021)

Y también **Soosan Firooz**, primera rapera, **Fawzia Koofi**, primera vicepresidenta
del Parlamento afgano, **Negin Khpalwak**, primera directora de orquesta
femenina, **Manizha Talash**, primera bailarina de breakdance, **Suhaila Siddiq**,
primera mujer general y cirujana, y muchas otras mujeres inspiradoras...

UN FUTURO EN FEMENINO

Estos últimos años, las mujeres se han implicado más en la vida del país. Miles de niñas han podido recibir educación, ir a la universidad y ejercer trabajos esenciales para la paz y la estabilidad. El valor de las afganas les ha permitido ser abogadas, médicas, policías, periodistas, juezas, maestras, ingenieras, atletas, políticas… Muchas de ellas han sido pioneras, dando ejemplo y abriendo camino a miles de niñas.

La sociedad afgana ha cambiado. Muchas mujeres se manifestaron contra los talibanes en Kabul a pesar del peligro, y después fueron dispersadas con disparos. Otras continúan desempeñando su oficio en secreto o han colgado fotos en las redes sociales de sus coloridos vestidos tradicionales, una forma de recordar que su cultura no es la que preconizan los talibanes.

El futuro de las afganas es incierto y es muy difícil para ellas tener esperanza. Las que han podido exiliarse desean regresar en cuanto puedan para cambiar su país, o luchar desde el extranjero. Otras no han tenido otra opción que quedarse, pero siguen luchando por sus derechos fundamentales, arriesgando su vida.

MAKENA

Kenia

JAMBO
Me llamo Makena

MAKENA

EN SUAJILI, MAKENA SIGNIFICA
«LA QUE TRAE FELICIDAD»

Vivo en el distrito
de Samburu

VIVO CON MI COMUNIDAD EN LA
SABANA, CERCA DE UNA RESERVA
NATURAL.

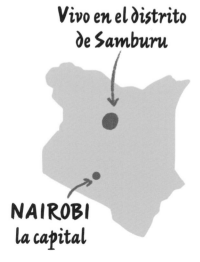

NAIROBI
la capital

En cuanto me despierto,
admiro la belleza del paisaje,

esperando ver animales.

PASO MUCHO TIEMPO CON LAS MUJERES DE LA ALDEA. VAMOS JUNTAS A BUSCAR AGUA PARA NUESTRAS FAMILIAS. ¡ES UNA LARGA CAMINATA BAJO UN SOL ABRASADOR! LLUEVE MUY POCO Y CADA AÑO LA SEQUÍA EMPEORA.

SE TARDAN MUCHAS HORAS EN IR Y VOLVER DEL RÍO.

NO PUEDO IR A LA ESCUELA, PORQUE ESTÁ DEMASIADO LEJOS.

CAMINAMOS EN GRUPO. CANTAMOS, HABLAMOS, Y LAS MUJERES CUENTAN MUCHAS HISTORIAS POR EL CAMINO. ASÍ EL TIEMPO PASA MÁS DEPRISA Y OLVIDAMOS EL CANSANCIO DE LLEVAR BIDONES MUY PESADOS.

DURANTE EL DÍA, MI PADRE CUIDA LOS REBAÑOS DE
CABRAS Y DESCANSA CON OTROS PASTORES. NO LO
VEO MUCHO. LOS HOMBRES SE REÚNEN ENTRE ELLOS
Y DECIDEN TODO. ASÍ QUE LAS MUJERES CALLAN.

DE TODAS MANERAS, NO SERÍAN ESCUCHADAS.

AQUÍ HAY UNA TRADICIÓN QUE ES MUY PELIGROSA
PARA LOS CUERPOS DE LAS CHICAS.

CUANDO LLEGAMOS A LA PUBERTAD, NUESTRA MADRE O UNA
MUJER DE NUESTRA FAMILIA NOS LLEVA A UNA MUJER, CONOCIDA
COMO «LA MUTILADORA», SIN EXPLICARNOS NADA. ESTA MUJER
CORTA UN TROZO DE NUESTRO SEXO.
LOS LABIOS O EL CLÍTORIS.

NO TENEMOS ELECCIÓN,
SUJETAN A LAS QUE SE RESISTEN.

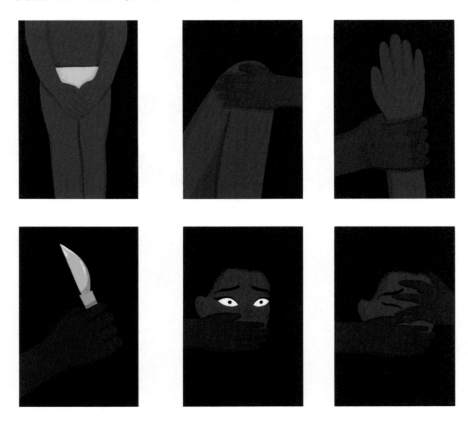

Dicen que, si no lo hacen,
las niñas no se convierten en mujeres
y no encontrarán marido.

A MI AMIGA AÏSHA LA CASARON POR LA FUERZA CON UN HOMBRE MUCHO MAYOR QUE ELLA. EL DÍA DE LA BODA, LA MUTILADORA YA ESTABA EN SU CASA. ELLA NO SE LO ESPERABA. SUS GRITOS DE DOLOR RESONARON POR TODA LA ALDEA.

Aïsha ya nunca ha vuelto a ser la misma.

MI MADRE ME HA ANUNCIADO QUE PRONTO ME TOCARÁ A MÍ. ME QUITARÁN UNA PARTE DE MÍ.

ASÍ ESTARÉ PREPARADA PARA CASARME CON EL HOMBRE QUE MIS PADRES ELIJAN. Y SI TIENE DOS, TRES O CUATRO VECES MI EDAD, ¡MALA SUERTE! LO MÁS IMPORTANTE ES QUE SEA UNA ESPOSA.

HE ACEPTADO OBEDIENTE, ¡PERO ESTOY ATERRADA!
ENSEGUIDA SE LO HE CONTADO A AÏSHA.

Esto nunca más.

PIENSO EN LO QUE ME ESPERA,
Y TAMBIÉN EN MI HERMANA
MENOR, QUE UN DÍA SUFRIRÁ
ESTA TERRIBLE TRADICIÓN.

¿CÓMO ESCAPAR DE ELLA?

MÁS TARDE, YENDO A BUSCAR AGUA, UNA ANCIANA
ME HABLA DE TUMAI, UNA ALDEA LEJANA DONDE
SOLO VIVEN MUJERES, ¡SIN HOMBRES!

¡Aquí no hay
matrimonios
ni ablación!

ME EXPLICA QUE, CUANDO SE CONVIRTIÓ EN
MADRE, NO QUISO QUE LE PRACTICARAN LA
ABLACIÓN A SU HIJA. TODOS SUS PARIENTES SE
VOLVIERON CONTRA ELLA Y AMENAZARON CON
EXPULSARLA DE LA ALDEA. FINALMENTE SE VIO
OBLIGADA A ACEPTAR.

COMPRENDE QUE, AYUDÁNDONOS, PERMITIRÁ
QUE ALGUNAS JÓVENES NO CORRAN ESTA
SUERTE.

TUMAI

ME INDICA LA RUTA EXACTA PARA LLEGAR
A TUMAI. SUS CONSEJOS ME DAN MUCHA
CONFIANZA.

¡NO TENGO TIEMPO QUE PERDER,
SÉ QUE PRONTO ME CASARÁN!

AÏSHA Y YO NOS PONEMOS DE ACUERDO PARA ENCONTRARNOS CON
MI HERMANA MENOR ANTES DEL ALBA EN UN LUGAR CONCRETO.

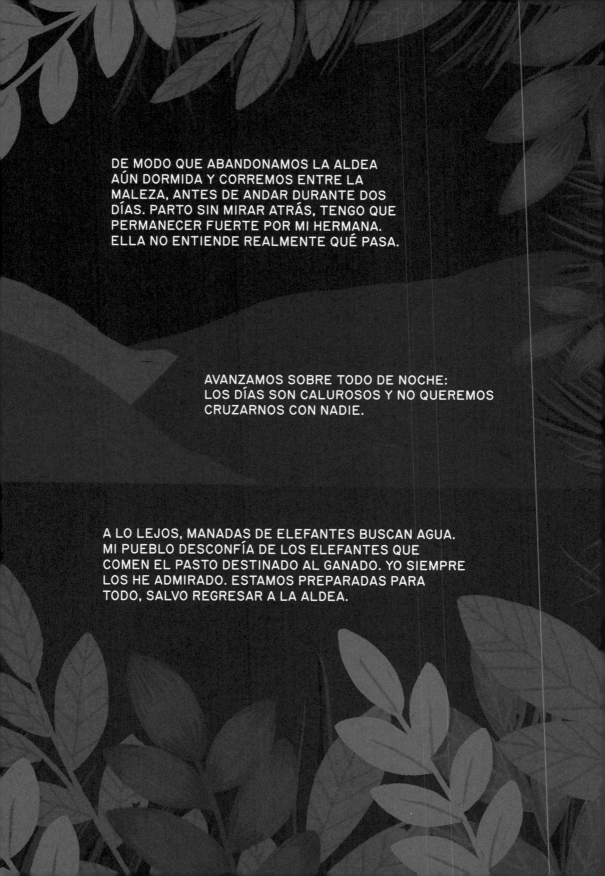

DE MODO QUE ABANDONAMOS LA ALDEA
AÚN DORMIDA Y CORREMOS ENTRE LA
MALEZA, ANTES DE ANDAR DURANTE DOS
DÍAS. PARTO SIN MIRAR ATRÁS, TENGO QUE
PERMANECER FUERTE POR MI HERMANA.
ELLA NO ENTIENDE REALMENTE QUÉ PASA.

AVANZAMOS SOBRE TODO DE NOCHE:
LOS DÍAS SON CALUROSOS Y NO QUEREMOS
CRUZARNOS CON NADIE.

A LO LEJOS, MANADAS DE ELEFANTES BUSCAN AGUA.
MI PUEBLO DESCONFÍA DE LOS ELEFANTES QUE
COMEN EL PASTO DESTINADO AL GANADO. YO SIEMPRE
LOS HE ADMIRADO. ESTAMOS PREPARADAS PARA
TODO, SALVO REGRESAR A LA ALDEA.

A LO LEJOS PERCIBO UNAS MANYATAS
PROTEGIDAS POR RAMAS DE ACACIA.

¡YA HEMOS LLEGADO A TUMAI!

AL LLEGAR, MUJERES Y NIÑOS NOS RECIBEN
CALUROSAMENTE. LES CONTAMOS NUESTRA
HISTORIA. MUCHAS DE ELLAS ESCAPARON DE
UN MATRIMONIO Y DE LA ABLACIÓN.

TODAS HUYERON DE LA VIOLENCIA DE LOS HOMBRES.
AQUÍ ELLAS SE AYUDAN MUTUAMENTE COMO
HERMANAS Y ENSEGUIDA NOS SENTIMOS SEGURAS.

HEMOS LLEGADO UN DÍA ESPECIAL, UN DÍA DE FIESTA.

DESPUÉS DE APLICARNOS TIERRA ROJA MEZCLADA CON GRASA EN NUESTROS ROSTROS, EMPIEZA LA CEREMONIA.

A CONTINUACIÓN, CANTAMOS TODAS JUNTAS. LAS MUJERES HONRAN A LOS ESPÍRITUS DE LA NATURALEZA PARA QUE TRAIGAN LLUVIA Y PROTEJAN LA ALDEA.

Que la lluvia nos traiga alegría y abundancia, que la naturaleza nos procure toda su riqueza.

SEGUIDAMENTE, VERTEMOS LECHE DE CABRA EN EL RÍO SAGRADO Y ENCENDEMOS UNA HOGUERA. BAILAMOS, DAMOS PALMADAS AL RITMO DE NUESTROS COLLARES QUE ENTRECHOCAN. ¡NOS SENTIMOS TOTALMENTE UNIDAS!

LOS HOMBRES DE LAS ALDEAS VECINAS SE
BURLAN DE LAS HABITANTES DE TUMAI.
LAS LLAMAN:

«Las leonas de la sabana».

CADA MAÑANA PIENSO QUE TENGO MUCHA
SUERTE DE VIVIR AQUÍ. PUEDO IR A LA
ESCUELA POR PRIMERA VEZ.

APRENDO INGLÉS, A LEER
Y ESCRIBIR.

LA PROFESORA TAMBIÉN NOS
HABLA DE NUESTROS DERECHOS,
DE NUESTROS CUERPOS.

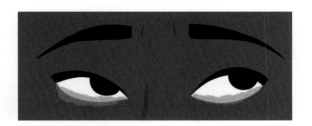

TENGO LA IMPRESIÓN DE QUE MI VERDADERA VIDA EMPIEZA
AHORA, PERO CUANDO PIENSO EN MIS AMIGAS Y MIS PRIMAS
QUE SE QUEDARON EN LA ALDEA, EN MI MADRE...

... me entristezco mucho.

ME GUSTARÍA REGRESAR Y
EXPLICARLES QUE NOSOTRAS,
LAS CHICAS, PODEMOS DECIR NO.

LAS TRADICIONES QUE NOS DAÑAN
Y NOS IMPIDEN VIVIR DEBEN TERMINAR.

UN DÍA VINIERON A LA ESCUELA MIEMBROS DEL REFUGIO RETETI A PRESENTAR SU CENTRO.

SU JEFA ES UNA MUJER. ¡NO PENSABA QUE ESO FUERA POSIBLE!

SALVAN A LOS ELEFANTITOS HUÉRFANOS CUYAS MADRES HAN SIDO ABATIDAS POR CAZADORES FURTIVOS. DESPUÉS LES AYUDAN A UNIRSE A UNA NUEVA MANADA.

ALDEAS DE MUJERES

En la región de Samburu, las comunidades nómadas de pastores funcionan con un modelo patriarcal. El papel de las mujeres se limita a ser esposas, tener hijos y ocuparse de ellos. Además, trabajan todo el día sin participar en las decisiones de la familia y no poseen ningún bien. Su voz no cuenta para nada.

Un día, las mujeres tuvieron el valor de romper el silencio impuesto y denunciaron la violencia sufrida a manos de militares ingleses presentes en el país. En lugar de apoyarlas, sus maridos las acusaron de deshonrarlos y las repudiaron. Estas mujeres desamparadas pidieron ayuda a su gobierno, pero este las dejó sin respuesta. En 1990, quince de ellas buscaron una tierra donde construir una nueva vida. Entonces crearon su propio refugio y fundaron la aldea de Umoja, que significa "unidad" en suajili.

Rebecca Lolosoli, una de las fundadoras de Umoja, desde hace más de 30 años denuncia al mundo entero la violencia que sufren las mujeres samburu y las de toda África.

¡NO LOS NECESITAMOS!

Umoja acoge a mujeres y niñas que huyen de las mutilaciones genitales, la violencia, los matrimonios forzados y también a viudas. Algunos hombres celosos que no soportaban ver a mujeres independientes intentaron impedir la existencia de esta aldea. ¡Sin éxito!

Estas pioneras prefirieron resistir antes que volver a casa de su marido. Para asegurar su protección, contrataron a dos guerreros samburu que velan por Umoja día y noche. La comunidad ha sido un ejemplo para la creación de otras pequeñas sociedades matriarcales en Kenia: Tumai, Nang'ida, Mokupori…

LAS ÚLTIMAS SOCIEDADES MATRIARCALES

En el mundo, existen unas pocas sociedades matriarcales donde son las mujeres quienes toman las decisiones de su comunidad. Los bienes (casas, tierras, objetos…) se transmiten de madre a hija, así como el apellido. Así pues, es la hija la que hace de vínculo entre generaciones. Estas sociedades celebran la madre Naturaleza y, a través de ella, el ciclo de la vida. Ellas honran el nacimiento de las hijas, ¡una costumbre infrecuente a escala planetaria! Un hecho también muy destacable es que las sociedades matriarcales nunca ejercen dominación ni violencia contra los hombres.

Es normal que varias generaciones de una familia vivan bajo el mismo techo y que todo el mundo se ayude entre sí. Es el caso de la etnia moso en China. La *dabu*, la mujer más anciana, es la cabeza de familia. Su comunidad resiste valientemente a la política de su país, que suele asignar mayor valor a los niños.

¡La mayor sociedad matrilineal tiene 6 millones de habitantes! Son las minangkabau, en Indonesia. Las khasi de la India, las akan de Ghana y otras también tienen mucho que enseñarnos.

A pesar de su importancia, las mujeres ostentan en muy pocos casos el poder político y económico en las sociedades matriarcales. Se habla más bien de sociedades matrilineales cuando las tradiciones y los bienes se transmiten de madre a hija. En Juchitán, en México, las mujeres son el núcleo de la vida económica. Pero ello no significa que escapen a las agresiones de los hombres: el 60 % son víctimas de violencia doméstica.

HABLEMOS DE LA ABLACIÓN

La ablación es una mutilación genital prohibida en casi todos los países del mundo. Sin embargo, aún consta que hoy en día se practica la ablación a unas seis niñas por minuto. Esta mutilación existe en todos los continentes del planeta.

Es un tema difícil de abordar porque es muy violento y tabú. Se corta una parte de la vulva, la parte exterior del sexo femenino. Puede ser el clítoris, el órgano dedicado al placer, o los labios. Algunas familias imponen la ablación porque consideran que transmiten una tradición, cuando, en realidad, cortar el sexo e impedir el placer a una mujer es una voluntad de controlar su cuerpo y su sexualidad. Las niñas que son víctimas de esta práctica suelen padecer graves secuelas físicas y psíquicas que les durarán toda la vida. El tema es tan tabú que incluso las mujeres de una familia que han sido víctimas de la ablación perpetúan esta práctica por miedo a ser rechazadas.

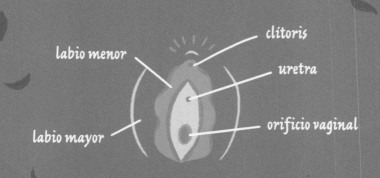

labio menor · clítoris · uretra · labio mayor · orificio vaginal

EL ENEMIGO NÚMERO 1: EL CLÍTORIS

En el siglo IV, en Europa, la religión católica asociaba los órganos sexuales al pecado original de Adán y Eva. ¡Todo era por culpa de Eva, que comió la manzana prohibida! Por lo tanto, las mujeres eran pecadoras y el clítoris se percibía como la marca del diablo. ¡Ni más ni menos! Y, sin embargo, en el siglo XVII, cambian de opinión y consideran que el placer es necesario para que se produzca el embarazo.

Pero hay un nuevo cambio en los años 1800: el psicoanalista Sigmund Freud escribe conceptos que diferencian la vagina del clítoris. Esto le valdrá un largo período de olvido… En Europa, durante este período, se utilizan las mutilaciones genitales para tratar la histeria, las migrañas, la masturbación ¡e incluso la homosexualidad! En fin, cualquier pretexto era bueno para controlar el cuerpo de las mujeres.

¡Entre 1900 y 1950 es como si el clítoris ya no existiese! En 1998 Helen O'Connel descubre que el clítoris no solo se limita a su parte exterior, sino que tiene una longitud de 9 por 12 cm en el interior del cuerpo femenino.

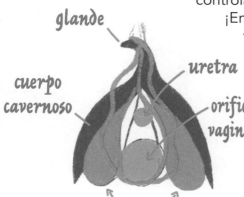

glande
uretra
cuerpo cavernoso
orificio vaginal
bulbo vestibular

El clítoris también ha sido objeto de numerosas creencias y a veces es considerado como la parte masculina del sexo femenino, «sobrante». En Mali, los bambaras ven el clítoris como el aguijón de una avispa que podría herir o matar al marido. Los masáis imaginan que una mujer no mutilada será perseguida por los espíritus de los ancestros.

MATRIMONIOS FORZADOS

Los matrimonios forzados son decididos y organizados por las familias, que los acuerdan entre ellas sin el consentimiento de la muchacha. La familia de la joven da bienes o dinero a los padres del marido, es decir, la dote. El problema es que no se trata de un regalo. Cuando la muchacha es muy joven, el precio de la dote es más bajo y es más ventajoso para las familias pobres. Se calcula que en la India unos 12 millones de niñas se casan antes de los 18 años. Es el país con más niñas casadas del mundo. ¡Las niñas se consideran bienes que se pueden vender o intercambiar!

Pero ¿por qué no dejan que las chicas elijan? A menudo porque las familias más pobres no tienen medios para financiar la educación de su hija, o prefieren invertir en la educación de los varones. Ciertamente es menos gasto, pero, una vez casada, la chica no irá jamás a la escuela. Toda su vida dependerá de su marido. No podrá elegir su futuro y, lo más probable, es que sus hijas tampoco vayan a la escuela.

Para luchar contra los matrimonios forzosos:

LA EMANCIPACIÓN ECONÓMICA

LA EDUCACIÓN

LA IMPLICACIÓN DE LOS HOMBRES

UNA NUEVA VIDA

En la reserva nacional Samburu, el acceso de las niñas a la escuela está limitado a causa del cambio climático en la región. Ocupadas en ir a buscar agua para todas las actividades diarias, no tienen tiempo de ir a la escuela. Los elefantes de la reserva Reteti también son víctimas de la sequía y están en vías de extinción. Se ha creado un santuario para salvar a los pequeños elefantes huérfanos abandonados.

Para los elefantes, es la hembra más mayor la que dirige la familia. ¡Sí, la organización de las manadas de elefantes funciona como un matriarcado!

Mujeres samburu han conseguido invertir en este proyecto y se han convertido en guardianas. ¡Toda una revolución! Es el caso de Sacha Dorothy Lowuekuduk, una de las primeras mujeres en trabajar en el santuario con hombres bajo sus órdenes. Para los niños y niñas samburu, y especialmente las niñas, este modelo allana el camino.

En Zimbabue, mujeres rangers luchan contra los furtivos. Lejos de los clichés, patrullan armadas para defender a los animales salvajes y detener a los furtivos. Suelen ser mujeres víctimas de la violencia doméstica, mutilaciones o matrimonios forzados, que empiezan una nueva vida. Son combatientes, valientes y respetadas. Los casos de cazadores furtivos han disminuido un 80 % desde la creación de este ejército y han podido crear relaciones sostenibles con las comunidades.

RITOS PARA CONVERTIRSE EN MUJER

¡Crecer y convertirse en adulta merece celebrarse! En Kenia, hay 42 tribus y cada una tiene su propio rito para el paso a la edad adulta. Antiguas mutiladoras y asociaciones propusieron ritos alternativos y prohibieron las mutilaciones de las niñas.

En Kenia, las jóvenes masáis ofrecen a los ancianos una colcha. Al aceptar el regalo, ellos se comprometen a no tolerar nunca más las mutilaciones y los matrimonios forzados. En tanto que futuros esposos, los guerreros que se oponen a la ablación de las niñas harán que la sociedad evolucione. Las aldeas que han propuesto estos ritos han experimentado verdaderos cambios positivos en sus comunidades.

Estos ritos son una ocasión para cantar, festejar y honrar a todas las jóvenes. En las tribus apaches, en América del Norte, las ceremonias del amanecer honran a la joven que debe realizar unos rituales precisos y pasar unas pruebas para demostrar que está preparada para convertirse en adulta. Le enseñan a utilizar las plantas, duerme en un tipi, baila todas las noches y recibe su nuevo nombre apache. Las jóvenes, muy orgullosas de participar en la ceremonia, se sienten valoradas y fuertes.

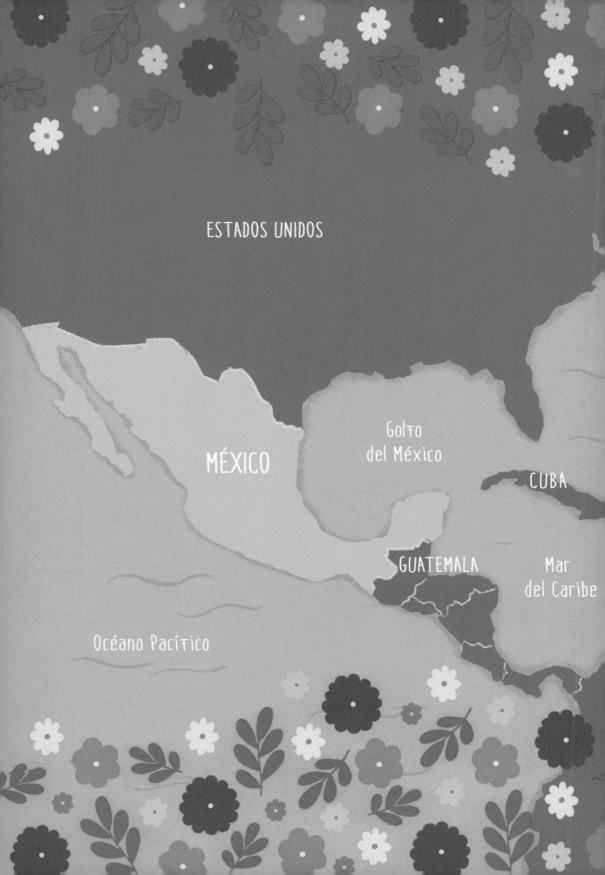

ESTADOS UNIDOS

MÉXICO

Golfo
del México

CUBA

GUATEMALA

Mar
del Caribe

Océano Pacífico

LUiSA

México

Ni UNA MÁS

¡HOLA!
Me llamo Luisa

LUISA

MI NOMBRE SIGNIFICA «GLORIOSA GUERRERA».

VIVO CON MIS PADRES, MI HERMANA MAYOR Y MI HERMANO EN UN BARRIO DONDE LAS CASAS ESTÁN AMONTONADAS Y PEGADAS UNAS CON OTRAS.

Vivo en el Estado de México.

Desde mi ventana puedo ver los tejados y las coloridas casas de toda la ciudad.

MI ABUELA VIVE JUSTO ENFRENTE DE NOSOTROS. LE GUSTA
MUCHO PREPARARNOS BUENOS PLATOS Y A MENUDO NOS
INVITA A SU CASA.

CADA SEMANA VAMOS JUNTAS A
LA IGLESIA, Y NOS LLEVAMOS MUY
BIEN LAS DOS. ES PRÁCTICO, ASÍ ME
REFUGIO EN SU CASA CUANDO HAY
DISCUSIONES EN LA MÍA.

TODAS LAS MUJERES DEL BARRIO SON AMIGAS. SE
PRESTAN LAS COSAS, SE AYUDAN ENTRE ELLAS, CHARLAN
DURANTE HORAS. MUCHAS DE ELLAS NO TRABAJAN Y SE
OCUPAN DE LA CASA Y DE LOS HIJOS. MI MADRE LIMPIA
CASAS Y MI PADRE TRABAJA EN LA CONSTRUCCIÓN.

ADORO A MI FAMILIA Y ME SIENTO VINCULADA
A MI CIUDAD Y SUS COLORES. ESTÁ LLENA DE BONITAS
ESCALERAS Y CALLEJONES.

PERO EN MI BARRIO NO ME SIENTO
SEGURA. HAY MUCHAS PELEAS Y
DISCUSIONES. SUELEN SER POR
TEMAS DE DROGAS, CREO. POR LO
TANTO, PROCURO IR CON CUIDADO.

UNA VEZ, EN EL AUTOBÚS HABÍA MUCHA GENTE Y SENTÍ UNA MANO EN MI MUSLO. NORMALMENTE, CUANDO ALGO ME MOLESTA, REACCIONO ENSEGUIDA.

PERO ME QUEDÉ PETRIFICADA.

POR SUERTE, PRONTO TOMÉ CONCIENCIA DE LO QUE PASABA Y SALÍ CORRIENDO EN LA PRIMERA PARADA.

LAS PERSONAS QUE ESTABAN A MI ALREDEDOR NO REACCIONARON, NI LAS QUE VIERON LA ESCENA. ¡CORRÍ HASTA MI CASA SIN DETENERME!

CUANDO LLEGUÉ A CASA, MI PADRE EXCLAMÓ:

«TÚ TE BUSCAS LOS PROBLEMAS, LUISA, MIRA CÓMO VAS VESTIDA».
MI MADRE AÑADIÓ: «¿TAL VEZ MIRASTE A ESTE HOMBRE CON
INSISTENCIA O LE HAS DEJADO CREER ALGO...?».

YO SÉ QUE NO HE HECHO NADA.
¡NO SOY YO LA CULPABLE, ES ÉL!

PROCURO NO TOMAR EL AUTOBÚS, PERO ELLO
NO EVITA QUE LOS HOMBRES ME INTERPELEN
POR LA CALLE. ME PONGO AURICULARES PARA
HACER COMO SI NO LOS OYERA Y ANDO MUY
DEPRISA. ¡TENGO QUE ESTAR ALERTA!

CUANDO SALGO, TENGO QUE PENSAR EN CÓMO ME VISTO.

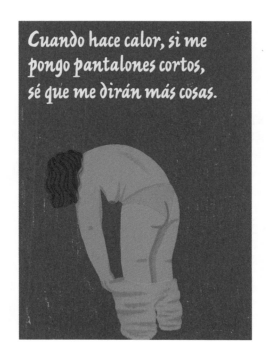

Cuando hace calor, si me pongo pantalones cortos, sé que me dirán más cosas.

Evito ciertas calles, intento que me acompañe algún amigo.

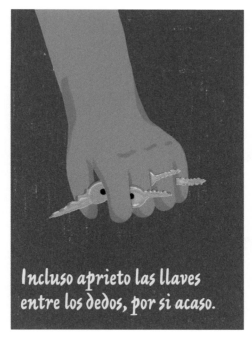

Incluso aprieto las llaves entre los dedos, por si acaso.

Si me parece que alguien me sigue, hago como si telefonease mientras estoy alerta.

EN LA ESCUELA NO ES DISTINTO... LOS CHICOS SE DIVIERTEN
MOLESTANDO A LAS CHICAS. ME PARECE QUE TODAS MIS
COMPAÑERAS YA HAN SUFRIDO COMENTARIOS SOBRE SU
FÍSICO O LES HAN LEVANTADO LA FALDA. LOS PROFESORES
NO INTERVIENEN.

¡Eh, pero
qué haces!

ESTE ES LEO, UN CHICO DE MI CLASE. SÉ
QUE LE GUSTO, SE LO HA DICHO A UNO DE
MIS AMIGOS, PERO CADA VEZ QUE SE ME
ACERCA, HACE COSAS RARAS. UN DÍA ME
HIZO LA ZANCADILLA Y ME EMPUJÓ HACIA
SU PANDILLA PARA BURLARSE DE MÍ.

SIEMPRE ME DIGO QUE NO TIENE
IMPORTANCIA, QUE NO ES MALO.
PERO NO ME GUSTA.

PERO EL OTRO DÍA, YA ME HARTÉ.

ME HIZO CAER, ME HICE DAÑO, Y EMPEZÓ A REÍRSE CON TODOS
SUS AMIGOS. ME AYUDÓ A LEVANTARME. ESTABA TAN ENFADADA
QUE LE GRITÉ Y LE EMPUJÉ CON TODAS MIS FUERZAS CONTRA
LA PARED. TODOS SUS AMIGOS SE RIERON DE ÉL.

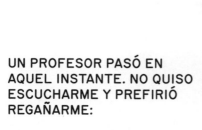

¡Jaja! ¡Qué vergüenza!
¡Te ha empujado
una chava!

UN PROFESOR PASÓ EN
AQUEL INSTANTE. NO QUISO
ESCUCHARME Y PREFIRIÓ
REGAÑARME:

«DEJA DE HACERTE
LA INTERESANTE.
¡PARECES UNA LOCA,
GRITANDO ASÍ!».

SI LE GUSTO A LEO, ¿POR QUÉ SOLO LO DEMUESTRA
GASTÁNDOME BROMAS PESADAS?
VARIAS COMPAÑERAS ME HAN DICHO QUE EXAGERO,
QUE TENGO SUERTE DE QUE SE INTERESE POR MÍ.

HACE MESES QUE ESPERAMOS ESTE MOMENTO:
ES LA FIESTA DE QUINCE AÑOS DE MI HERMANA
MARÍA. MIS PADRES HAN AHORRADO MUCHO DINERO
PARA LA CELEBRACIÓN DE SUS 15 AÑOS
Y SU PASO A LA EDAD ADULTA.

LE HAN COMPRADO EL VESTIDO QUE
ELLA SOÑABA. HABRÁ MUCHA COMIDA.
SE REUNIRÁN LA FAMILIA Y LOS AMIGOS.

ANTES DE IR A MISA, MI ABUELA PEINA A MI HERMANA EN EL BAÑO.
CUANDO ENTRO Y ELLA ME TIENDE LOS BRAZOS, ME DOY CUENTA
DE QUE SUS MUÑECAS TIENEN MARCAS.

MI ABUELA Y YO NOS MIRAMOS
HORRORIZADAS:
«MARÍA, ¿QUÉ SON ESTOS
MORADOS?
¿QUIÉN TE HA HECHO ESTO?».

MI HERMANA SE APRESURA
A CUBRÍRSELOS CON
BRAZALETES.

MI ABUELA NO SOPORTA LA VIOLENCIA. INSPECCIONA SU CUERPO Y DESCUBRE MORADOS EN SUS MUSLOS, QUE SIN DUDA SON MARCAS DE GOLPES.

«HA SIDO JUAN, ¿VERDAD?».

YA HE OÍDO A MARÍA Y SU NOVIO DISCUTIR Y GRITAR EN MI CALLE. PERO NUNCA PENSÉ QUE PODRÍA LLEGAR A ESTO.

MI HERMANA SALE DEL BAÑO CORRIENDO, SIN DECIR NADA. SÉ QUE MI ABUELA NO QUIERE ESTROPEARLE EL DÍA, PERO NO CREO QUE LO DEJE CORRER.

PASAN LAS SEMANAS Y NO HE VUELTO A HABLAR DE LO QUE PASÓ CON MI HERMANA. ES MÁS BIEN TÍMIDA, Y NO QUIERO HERIR SUS SENTIMIENTOS.

ESTA MAÑANA, CUANDO ME HE LEVANTADO, HE ENCONTRADO A MI MADRE EN LA COCINA. PARECÍA EXHAUSTA. MARÍA NO VOLVIÓ A CASA ANOCHE, Y ESO NO ES PROPIO DE ELLA.

MI MADRE HA LLAMADO A LA POLICÍA Y NO LA HAN TOMADO EN SERIO. SUS AMIGOS Y SU NOVIO NO SABEN NADA DE ELLA Y TODOS ESTAMOS MUY PREOCUPADOS.

HAN PASADO DOS DÍAS
Y NO TENEMOS NOTICIAS.
EN LA ESCUELA TAMPOCO
HAN VISTO A MARÍA.

MI MADRE HA IDO VARIAS VECES
A LA POLICÍA, PERO A NADIE LE PARECE
QUE LA SITUACIÓN SEA URGENTE.

Se preocupa por nada...
Ya sabe, a esta edad...

YO TAMPOCO QUIERO QUEDARME DE BRAZOS CRUZADOS.
ENTONCES HE IDO A VER AL NOVIO DE MARÍA, PERO
ENSEGUIDA SE HA ENFADADO CONMIGO.

ES UNA PESADILLA
PARA TODA LA FAMILIA.
LE HA PODIDO OCURRIR
CUALQUIER COSA. ME
IMAGINO EL PEOR DE
LOS ESCENARIOS.

VAMOS A AVISAR A TODAS LAS VECINAS DEL BARRIO DE LA
DESAPARICIÓN DE MARÍA. TAL VEZ ELLAS PUEDAN AYUDARNOS.

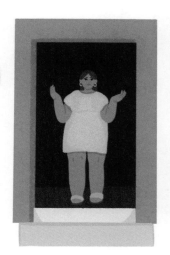

UNA DE ELLAS PERDIÓ A SU HIJA HACE UNOS AÑOS. LA POLICÍA
NUNCA CERRÓ LA INVESTIGACIÓN. TODO INDICABA QUE SU EXNOVIO
ESTABA IMPLICADO.

agresiones

amenazas

Él sigue con su vida como si no hubiese pasado nada...

DESDE ENTONCES, ELLA SE HA UNIDO A UNA ASOCIACIÓN DE
FAMILIAS DE VÍCTIMAS. NOS HA INVITADO A UNA REUNIÓN,
ASEGURÁNDONOS QUE ENCONTRARÍAMOS APOYO Y AYUDA.

NO ESTÁN SOLAS.

ALLÍ ENCONTRAMOS A MUJERES DE TODAS LAS EDADES.
HERMANAS, AMIGAS, MADRES Y ABUELAS QUE HAN PERDIDO A
UNA FAMILIAR, DESAPARECIDA... O ASESINADA.

JUSTICIA PARA MARÍA

TAMBIÉN HAY EXVÍCTIMAS QUE QUIEREN
ACTUAR PARA QUE SE HAGA JUSTICIA.
SU VALENTÍA NOS DA FUERZAS.

ESTA NOCHE SALDREMOS A COLGAR
CARTELES EN LAS PAREDES PARA
QUE TODO EL MUNDO SEPA QUE MI
HERMANA HA DESAPARECIDO.

A PESAR DE LA TRISTEZA Y EL DOLOR, ESTAMOS DECIDIDAS. LA POLICÍA AFIRMA QUE NO HAY PRUEBAS Y NO INVESTIGA. ESTAMOS FURIOSAS.

LES HABLAMOS DE LOS CARDENALES EN EL CUERPO DE MARÍA, Y NOS DICEN QUE NO ES NADA, QUE LO DEJEMOS CORRER. PARA NOSOTRAS, ESO ES LA PRUEBA DE ALGO.

POR SUERTE, LA ASOCIACIÓN Y LAS MUJERES DEL BARRIO NOS APOYAN.

MI PADRE TAMBIÉN ESTÁ MUY TRISTE E IMPLICADO. SE PASA EL DÍA LLAMANDO POR TELÉFONO Y CONTACTANDO CON GENTE PARA QUE AVANCE LA INVESTIGACIÓN. TENEMOS LA IMPRESIÓN DE ESTAR COMPLETAMENTE ABANDONADOS.

SI NINGUNA AUTORIDAD QUIERE ESCUCHARNOS, IREMOS TODAS A MANIFESTARNOS POR LAS MUJERES DESAPARECIDAS, LAS VÍCTIMAS... GRITAREMOS JUNTAS CONTRA TODA FORMA DE VIOLENCIA CONTRA LAS MUJERES.

¿POR QUÉ SE HABLA DE «FEMINICIDIOS»?

Se habla de feminicidio cuando se comete un crimen contra una mujer por la única razón de haber nacido niña. Los feminicidios son cometidos por hombres, que suelen ser los compañeros o excompañeros de las víctimas, pero también pueden cometerlos familiares o desconocidos... Las víctimas pertenecen a todas las capas sociales, jóvenes o adultas. La palabra feminicidio es muy importante. Antes se hablaba de crímenes pasionales, aunque los crímenes son sexistas y nunca están vinculados al amor.

¿Has oído hablar de la caza de brujas? En el Renacimiento, en Europa, la Iglesia acusó a muchas mujeres de brujería. Las condenaron a morir en la hoguera. ¿Eran brujas? ¡No! Eran mujeres que perturbaban por sus conocimientos, su independencia, su rechazo a la maternidad, su edad, y que amenazaban la «omnipotencia» de los hombres.

En 2007, México incluyó los feminicidios en el código penal. De media, más de 10 mujeres son asesinadas cada día en el país. América Latina es la zona del mundo que contabiliza más casos de violencia de género.

Una mujer con opiniones, ¡deténganla!

Así que ser mujer ha sido un problema en todas las épocas, ¿cierto?

¿UN MUNDO SIN MUJERES?

Los feminicidios se explican tristemente por varios factores. La cultura machista, que determina la superioridad de los hombres. La adopción de decisiones políticas, vinculadas a la religión, que limitan las libertades de las mujeres (por ejemplo, el derecho al aborto). La violencia muy presente fomentada por el tráfico de drogas y las bandas. Además, la policía y el gobierno no son forzosamente neutrales cuando aplican la ley. Un policía puede aceptar dinero y ya no habrá investigación sobre una desaparición… A esto se le llama corrupción. En México, prácticamente todos los feminicidios quedan impunes.

Algunas culturas prefieren tener hijos varones hasta tal punto que los padres deciden interrumpir el embarazo para no tener hijas, o bien las abandonan. Es el caso de China, por ejemplo.

En Asia, en treinta años han desaparecido más de 150 millones de niñas. En la India, la dote y los matrimonios son las principales causas de esta trágica selección. El gobierno intenta combatirlo ofreciendo bolsas de estudios a las niñas.

El 9 de marzo de 2020, las mexicanas quisieron mostrar lo que sería un mundo sin ellas. Las organizaciones feministas convocaron, al día siguiente del Día Internacional de los Derechos de la Mujer, una huelga de mujeres en el país. Durante un día, miles de mujeres denunciaron los feminicidios y la inacción de las autoridades. ¡No fueron a trabajar, estudiar, ni aparecieron en el espacio público! El lema de este día: «Un día sin nosotras» muestra hasta qué punto el país dejaría de funcionar sin las mujeres.

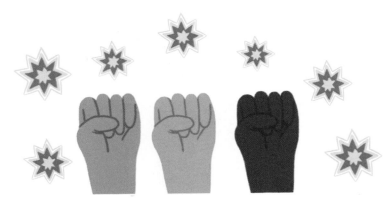

LA VIOLENCIA NORMALIZADA

Desde la infancia, niños y niñas reciben una educación distinta. Aunque no siempre de manera consciente, crecen en entornos que los diferencian por su género y con clichés. Por ejemplo, se dice que un chico tiene que ser fuerte, que no tiene que mostrar sus emociones. Tiene que proteger y saber luchar. Una chica tiene que ser bonita y amable, cuidarse, porque es frágil y delicada. ¡Todo se decide por ella, y no debe alzar la voz! De este modo, será una esposa y madre perfecta. Esta educación es sofocante para las niñas, les impide ser libres y las menosprecia. Y a los chicos, les cuesta escapar de la imagen que se quiere dar de ellos.

En México, la tradición de que la mujer cuida del hogar y el hombre lleva el dinero a casa se ve reforzada por la cultura de las bandas. Los hombres tienen que ser viriles y normalizan la violencia.

Se considera normal humillar a las mujeres y la violencia doméstica. Y, además, como esto sucede en casa, se considera un asunto privado o sin importancia. Sin embargo, esto demuestra que, a veces, lo que es privado atañe también al ámbito político y debe cambiar.

EL PROBLEMA NO ES CÓMO ME VISTO...

...ES CÓMO ME MIRAS.

LA CALLE ES NUESTRA

El espacio público puede ser peligroso para las chicas, sobre todo cuando van solas. Eso no significa que deban quedarse en casa, ¡muy al contrario! Pero, por desgracia, casi todas las chicas ya han sufrido acoso en la calle e incluso actos violentos.

Suelen echarles la culpa a ellas. En lugar de responsabilizar al agresor, prefieren preguntarles qué hacían solas por la calle, por qué se visten de una manera u otra. Pero cada persona tiene derecho a vestirse como quiera, el problema proviene de la mirada del otro. En México las muchachas sufren a la edad de siete años de media los primeros casos de violencia en el espacio público. El metro de México es el segundo más peligroso del mundo. Puede haber agresiones, tentativas de secuestro… Los taxis tampoco son seguros, ni la calle.

Para alertar sobre este problema, el hastag #miprimeracoso recoge miles de testimonios de mujeres relacionados con la primera vez que fueron acosadas en la calle.

El colectivo *Las Morras* (Las Chicas) colgó un vídeo suyo andando por las calles de México. En él se las ve soportar comentarios de hombres sobre su apariencia o queriéndolas abordar. Este vídeo ha dado la vuelta al mundo.

Hoy en día, el gobierno ha implementado vagones reservados a las mujeres. También se han puesto en marcha taxis privados protegidos. Algunas mujeres prefieren adaptarse, a su pesar, y vestir prendas que las cubran para no llamar la atención. Estas soluciones son para su seguridad inmediata, pero no cambian las cosas a largo plazo.

La mayoría de las mujeres no presentan denuncia porque saben que lo más probable es que las culpabilicen, y que no haya investigación ni castigo. Formar a las autoridades en temas de género en los casos de violencia permitiría prestar una mejor atención a las víctimas.

LA REVOLUCIÓN FEMINISTA

Cuando la policía no hace nada y el gobierno no implanta las medidas necesarias, la única solución es gritar para que las cosas cambien. «¡Ya basta!».

El movimiento Ni una Menos nació en Argentina y se extendió por América del Sur. Las mujeres se movilizaron, se manifestaron por las calles y empezaron una revolución que impulsó la ola feminista que vivimos actualmente. «Somos el grito de las que ya no están aquí». Exigen justicia para los crímenes cometidos, el fin de las violencias sexistas y sexuales, medidas para proteger a las víctimas y alertar sobre los casos de violencia y de acoso que sufren cotidianamente. Ante estas manifestaciones, la respuesta de las autoridades fue muy violenta. En 2020, en Cancún, la policía incluso llegó a disparar contra las manifestantes.

Puesto que las investigaciones no conducen a nada y no se hace justicia, muchas familias de víctimas se ocupan ellas mismas de hacerlas avanzar a cualquier precio.

«MIS AMIGAS ME PROTEGEN, NO LA POLICÍA».

CHICAS
QUE SE PORTAN MAL

Frente a esta generalización de los crímenes y actos violentos que quedan impunes, las jóvenes activistas experimentan una sensación de urgencia. No pueden expresar su rabia solo con palabras y manifestaciones, tienen que pasar a la acción.

El movimiento **Bloque Negro** en México pretende inspirar temor y reapropiarse del espacio público. Durante las manifestaciones, las mujeres van con el torso desnudo y pasamontañas, destrozan e incendian en respuesta a las violencias que ellas y sus amigas sufrieron, sin recibir apoyo alguno.
Ocuparon el edificio de la Comisión nacional de los derechos humanos e hicieron de él su cuartel general y un refugio para las víctimas. Gracias a las redes sociales, organizan operaciones para sensibilizar sobre las injusticias: collages, tags y grafitis, bloquean el acceso al metro…
Mientras haya víctimas, habrá sus palabras en los muros. «Ni perdón ni olvido».

Es preciso aplicar sanciones, pero también deben prevenirse los actos violentos mediante la educación sexual y la educación de los chicos.

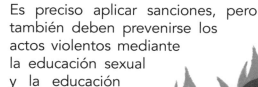

LA SORORIDAD

El término «sororidad» proviene del latín «soror», que significa hermana o prima. Es el equivalente femenino de fraternidad. Pero la palabra también tiene una connotación feminista: se trata sobre todo de ayudarse mutuamente, de estar unidas. La sororidad tiene poder, las mujeres luchan por objetivos comunes y solo juntas puede hacerse la revolución feminista. E incluso, aunque las experiencias vividas y la lucha no impliquen necesariamente las mismas cosas, significa apoyarse y darse fuerzas para continuar con la lucha feminista.

Es aliarse contra el patriarcado con respeto, protegerse unas a otras. En las asambleas, reuniones y círculos de mujeres, todas pueden compartir sus historias y reconfortarse, puesto que se comprenden. Se dan cuenta de que no están solas.

«Si tocan a una,
respondemos todas.
¡Justicia! ¡Justicia!»*

*Canción *Sin miedo* de Vivir Quintana y El Palomar

¿POR QUÉ *NACER NIÑA?*

Cuando era pequeña, era más bien temeraria, gritaba, podría decirse que no era sensata. Al mismo tiempo, me encantaba jugar con las Barbies, leer y hacer cosas «de chicas». No me planteaba preguntas, seguía la corriente. Al crecer, los comportamientos «femeninos» enseguida fueron motivo de burla, porque significaban ser débil e incluso un poco ridícula.

Cuando lo pienso, creo que me veía demasiado gorda ya desde primaria. Todas las actrices y personajes femeninos estaban delgadas y eran guapas. Con la pubertad, me sentía como muchas personas, mal en mi piel. Yo estaba convencida de que para ser feliz tenía que estar delgada. Mi cuerpo cambió y también la mirada de los demás. Debía tener unos 13 años cuando me empezaron a acosar por la calle. Este acoso se consideraba algo normal, puesto que comentar el físico de las chicas o criticarlas formaba parte de la vida cotidiana. Las lagunas existentes en educación sexual tuvieron consecuencias en todas mis compañeras. Tanto a nivel de relaciones, de consentimiento o de anatomía.

Comprendí bastante tarde que, al ser chicas, no se nos trataba de la misma forma. Lo que parecen casos aislados forma parte de un sistema donde nacer niña es la única razón que justifica las desigualdades. Sin embargo, el hecho de tomar conciencia de ello y ver que no estamos solas nos da fuerzas y mucha esperanza. Cada día, muchas personas luchan por la igualdad. Hoy en día, no hay nada garantizado, pero es esencial abrir nuestras expectativas. La condición de las niñas engloba retos urgentes y concierne a todo el mundo. Tanto si eres chica o chico, no binario o trans, espero que este libro te haga sensible a las luchas feministas, que te anime a entablar debates y despierte en ti el valor de actuar.

Alice Dussutour

PARA SABER MÁS

Aquí encontrarás algunos datos útiles que te permitirán profundizar
en los temas tratados en este libro, así como emprender acciones concretas.
¡No dudes en proseguir tus investigaciones: ¡esta lista no es exhaustiva!

KANEILA EN NEPAL

⭐ **Asociación** – CARE defiende los derechos
de las mujeres y actúa en Nepal contra la pobreza
y el tabú de la regla. www.care.org

⭐ **Película** – Documental oscarizado, *Una revolución en toda regla* (*Period, end of sentence*, 2019)
(Netflix), documenta el combate de las mujeres
de la India frente a la precariedad menstrual y el
desconocimiento de la regla.

⭐ **Libro** – *La regla mola (si sabes cómo funciona)*
de Anna Salvia y Cristina Torrón (ed. Montena)
y *Hola, menstruación* de Yumi Stynes, Dra.
Melissa Kang (Liana Editorial) combaten las ideas
preconcebidas sobre la regla.

⭐ **Asociación** – The Cup (www.thecup.org) lleva a
cabo acciones para proporcionar copas menstruales
reutilizables y educa sobre todo a los chicos en el
respeto y la igualdad chicas-chicos.

⭐ **Asociación** – STOP Gordofobia hacen «un llamado a la rebelión de las personas gordas, las animan a visibilizarse, a asociarse y a participar en el proceso de construcción de un movimiento que pueda hacer frente a uno de los más voraces brazos del capitalismo: la belleza».

⭐ **Película** – La serie *My Mad Fat Diary* (2013) cuenta la vida cotidiana de Rae, una adolescente que debe enfrentarse a una relación complicada con su cuerpo y su salud mental.

⭐ **Película** – *Las mujeres de verdad tienen curvas* (2002) nos habla del conflicto generacional entre madre e hija en relación a la imagen de la mujer y su peso ideal, y sobre la reacción de una adolescente que quiere tomar sus propias decisiones.

⭐ **Libro** – *¡Me defiendo del sexismo!* de Emmanuelle Piquet y Lisa Mandel (Editorial Juventud) explica el caso de una chica acosada por su aspecto, y cómo consigue acabar con las burlas.

⭐ **Libro** – En *Operación Bikini* de Júlia Barceló y Camille Vannier (Editorial Flamboyant) se abordan temas como el acoso, las redes sociales y la gordofobia.

⭐ **Libro** –*10 gritos contra la gordofobia* (2019) de Magda Piñeyro (editorial Vergara, Ediciones B), una guía para liberarse de los cánones establecidos, escrito por la cofundadora de Stop Gordofobia.

MAHNOOSH EN AFGANISTÁN

⭐ **Asociaciones** – Ayudar a las mujeres afganas es urgente. Afganistán Libre, NEGAR, Women for Women, UNICEF recaudan fondos para este objetivo.

⭐ **Película** – La película de animación *El pan de la guerra* (*The Breadwinner*, 2017) (Netflix) explica poéticamente la vida cotidiana de una joven afgana bajo el régimen de los talibanes.

⭐ **Libro** – *El viaje de Parvana*, de Deborah Ellis (Edelvives) cuenta la situación de las niñas en Afganistán.

⭐ **Libro** – *Las niñas clandestinas de Kabul. La vida oculta de las chicas afganas disfrazadas de muchacho*, Jenny Nordberg (Capitán Swing).

⭐ **Activista** – Sonita Alizadeh es una rapera afgana que lucha contra los matrimonios forzosos.

MAKENA EN KENIA

⭐ **Asociación** – Samburu Girls Foundation lucha por el acceso de las niñas samburu a la educación, contra las mutilaciones genitales y los matrimonios forzosos.

⭐ **Asociación** – Fundación Kirira es una ONG con proyectos de desarrollo en Kenia. Su objetivo es la erradicación de la mutilación genital.

⭐ **Película** – Lori Malépart-Traversy repasa la historia del clítoris en su cortometraje de animación *El clítoris* (2016).

⭐ **Película** – *La manzana de Eva*, de José Manuel Colón (Netflix) recoge testimonios e historias de superación de mujeres que han sufrido la mutilación de sus genitales,

⭐ **Asociación** – Reteti Elephant Sanctuary siempre necesita recursos para seguir salvando elefantes.

LUISA EN MÉXICO

★ **Asociación** – Amnistía Internacional lucha por los derechos humanos. La organización acompaña a la activista Wendy Galarza para obtener justicia por la violencia de las represiones policiales contra las manifestaciones feministas en Cancún.

★ **Activista** – Imelda Marrufo Naya trabaja con la asociación Mesa de Mujeres. Abogada y activista, ha permitido documentar, poner nombre y una historia a las numerosas víctimas de feminicidios de Ciudad Juárez en México.

★ **Asociación** – El colectivo Las hijas de Violencia denuncia el acoso en la calle con canciones punk. Militan en la calle disparando con armas de confeti contra sus acosadores.

★ **Asociación** – Fondo Semillas lucha por la igualdad de género y da asesoría a mujeres que han sufrido de violencia.

★ **Fotógrafa** – Andrea Murcia es fotógrafa y periodista en México. Sus fotos documentan con intensidad las luchas feministas.

Muchísimas gracias por leer este libro.
Espero que sus palabras lleguen a conmoverte.

Gracias Marianne, nunca habría sido tan decidida sin ti.

Infinitas gracias a Éditions du Ricochet, a mi superequipo, Natalie,
Gabriella y Reutty por su acompañamiento, confianza y fe en este proyecto.

Louise, *Nacer niña* empezó contigo, por lo tanto, gracias a ti y a todas
las personas que han seguido mi proyecto desde el principio durante
mis estudios.

Gracias a mis compañeras y a mi pequeña familia de amor por haberme
animado y ser tan entusiastas.

Y, sobre todo, muchísimas gracias a Laury Anne de Care,
Julien de Plan International, Wanjiru de la Samburu Girls Foundation,
Natali y sus alumnas de Girls Who Code por su valiosa ayuda.

Gracias también a las numerosas niñas que respondieron
a mi encuesta y compartieron conmigo sus historias.

Alice

Título original: *Naître fille*
Texto e ilustraciones: Alice Dussutour
© Les Éditions du Ricochet, 2022
Derechos contratados mediante Isabelle Torrubia
Agencia Literaria
© de la traducción española:
EDITORIAL JUVENTUD, S. A., 2023
Provença, 101 - 08029 Barcelona
www.editorialjuventud.es
Maquetación: Mercedes Romero
Traducción: Raquel Solà
Primera edición, febrero de 2023
ISBN 978-84-261-4817-9
DL B 21357-2022
Núm. de edición de E. J.: 14.193
Impreso en Polonia - *Printed in Poland*

¡Superpreparada
para convertirme
en mujer!